U0908264

名师导读

仁义箴言《论语》

陈蒲清　潘雁飞　编著

CNS PUBLISHING & MEDIA
中南出版传媒

岳麓書社·长沙

图书在版编目(CIP)数据

仁义箴言《论语》/陈蒲清，潘雁飞编著. —长沙：岳麓书社，2015. 4(2022. 10 重印)

(名师导读)

ISBN 978-7-5538-0345-6

Ⅰ. ①仁…　Ⅱ. ①陈…②潘…　Ⅲ. ①《论语》—注释　Ⅳ. ①B222. 22

中国版本图书馆 CIP 数据核字(2015)第 029225 号

RENYI ZHENYAN LUNYU

仁义箴言《论语》

编　　著　陈蒲清　潘雁飞

责任编辑　皮朝霞　蔡　晟

责任校对　舒　舍

封面设计　谢　颖

岳麓书社出版发行

地址:湖南省长沙市爱民路 47 号

直销电话:0731-88804152　0731-88885616

邮编:410006

版次:2015 年 4 月第 1 版

印次:2022 年 10 月第 2 次印刷

开本:710mm×1000mm　1/16

印张:10. 5

字数:156 千字

印数:8 001—11 000

ISBN 978-7-5538-0345-6

定价:32. 80 元

承印:廊坊市博林印务有限公司

如有印装质量问题,请与本社印务部联系

电话:0731-88884129

前 言

孔子和《论语》

孔子是儒学的开创者,是中国文化史上一位承前启后的伟大思想家和教育家,被人称为“万世师表”,被联合国教科文组织列为“世界十大历史文化名人”之一。《论语》是记载孔子思想、言行的最可靠的著作,被人称为“东方圣经”。

一、孔子的生平与文化地位

孔子(前551—前479)名丘,字仲尼。《史记·孔子世家》说,他出生在鲁襄公二十二年(前551),经历了昭公、定公时期,至鲁哀公十六年(前479)逝世。

孔子是殷商王族的后代。周朝消灭商纣王和平定纣王之子武庚所发动的叛乱之后,孔子的祖先被封为宋国的国君。后来,宋国发生内乱,孔子的五世祖木金父逃奔到鲁国,木金父成为鲁国人,以孔为姓氏,这就是中国孔姓的由来。木金父的玄孙孔纥就是孔子的父亲。孔纥,字叔梁,故称“叔梁纥”。叔梁纥健壮勇敢,曾经担任陬邑(今山东曲阜东南)的大夫。叔梁纥前妻去世后,晚年娶颜徵在为妻,生了孔子。颜氏怀孕前,曾前往曲阜东南的尼丘向神明祈祷,又因为孔子的头顶凹下如丘,所以父母就给他取名为丘,小字仲尼。“仲”是老二的意思。因为孔子还有一个异母哥哥,叫作孟皮。

孔子三岁左右,叔梁纥就生病逝世,母亲颜徵在的严格教育,为孔子的成长打下了良好的基础。孔子十七岁左右,母亲去世,家境贫寒,艰苦谋生。他当过给人帮办婚丧祭祀的“相礼”、管理仓库的“委吏”、看管牧场牛羊的“乘田”,都能恪尽职守。他总结自己说:“吾少也贱,故多能鄙事。"(《论语·子罕》)但是,孔子一直努力学习文化知识,遵守礼仪。

孔子生活的时代,社会正处在激烈变化时期。孔子所生活的鲁国,既有外患,又有内忧。周王朝中央政权衰微,维护中央王朝的礼乐早已失去了维系人心的力量。为了施展抱负,孔子曾经短暂从政。他五十岁出任中都(今山东汶上西)的县宰,颇有政绩。后升任司空,管理土地工程。五十二岁到五十四岁升任司寇,参与国家大事。这期间他干了两件大事:一是在夹谷会议中,坚持守礼,挫败了强大的齐国的威胁,保全了鲁国的国威;二是削弱贵族势力,希望复兴鲁国中央政权。但是,阻力强大,功败垂成,孔子只好离开鲁国。这时他已经五十五岁了。

孔子周游天下,到了卫、宋、齐、楚、陈、蔡等国,宣传自己的政治理想,希望能找到英明的诸侯,把理想化为现实。他跟弟子们经历了很多磨难,受到了很多冷遇和讥笑,但信念始终没有动摇。孔子对劝他们避世的人说:"鸟兽不可与同群,吾非斯人之徒与而谁与?天下有道,丘不与易也。"(《论语·微子》)表现出关爱百姓、奔走救世、知难而进的可贵精神。六十八岁时,孔子才回到鲁国,继续一面教学,一面整理文化典籍。

孔子七十三岁时病卒,葬于鲁国都城曲阜城北的泗水之旁,众弟子为其守墓三年。此后这里成为孔子家族的墓地,叫作"孔林"。后来,人们又修了"孔庙",祭祀孔子。

孔子的文化成就主要表现在下列三个方面,而这三个方面都集中反映在《论语》之中。

第一,孔子系统整理了中华文化的元典。孔子专心修订《诗》《书》,校正《礼》《乐》,刻苦钻研《周易》,写作《春秋》。这几部书都是中华文化的元典,奠定了我国文艺、史学、哲学的发展基础。孔子曾经说自己:"述而不作,信而好古。"(《论语·述而》)意思是说,自己只是忠实地整理古籍,没有创作新的东西。其实,孔子是"述而有作",他既整理文化典籍,又在整理的基础上寄托了自己的主张。

《诗》即《诗经》,是我国上古诗歌的总集。孔子非常重视《诗经》,强

调学以致用。《周易》本来是占卜的书。孔子晚年爱好《周易》,刻苦钻研,把串连竹简的牛皮带子都翻断了三次。但是,孔子并不相信占卜,而是从哲理的角度理解《周易》,把《易》学由卜筮引向哲理。孔子及其后学所创作的解释《周易》的十篇文章,完全是在阐述哲理。《书》即《尚书》,是上古史籍的汇集;《春秋》是以鲁国为中心的记述春秋时期大事的史书。孔子整理《尚书》,根据鲁国史书而写作《春秋》,其独特用意是把历史作为资政工具,运用史书宣传自己的"大一统""尊王攘夷""正名分""仁政""中庸"等政治伦理思想。

第二,孔子创立了儒学。孔子继承殷商思想家箕子的"王道"思想和周初政治家周公的"德政"思想,进一步提出了"仁"的主张,创立了儒学。"儒"的本义,就是以执行礼仪为职业的人士。"礼",本为祭神求福的仪式。西周初年大政治家周公(姬旦),制定周礼,用以规范人们的行为,协调社会关系。于是,"礼"发展成为社会行为的规范。孔子以周礼为基础,改造"礼",把"礼"赋予了"仁"的内涵,于是建立了以"仁"为内在核心、以"礼"为外在形式的儒学。儒学在方法论上,特别倡导"中庸"。所谓"中庸",就是恰如其分地处理事情,不走极端。

"仁"是儒家思想的核心。"仁"字由"人""二"两字组成,是讲人与人之间应该友好相处。"仁"就是对人友爱关心的意思。"仁"的主要内涵,体现在个人修养与从事政治两个方面。在个人修养方面,从积极的角度来看就是推己及人,同情人,帮助人。孔子说:"夫仁者,己欲立而立人,己欲达而达人。"(《论语·雍也》)从消极的角度来看就是不要强加于人。孔子说:"己所不欲,勿施于人。"(《论语·颜渊》)在从政方面,"仁"就体现为德政,即爱护百姓。总之,孔子提倡"仁",表现了对人的发现与尊重,表现了对被压迫者的同情,是对古代传统思想的根本改造,标志着中国古代思想的一次巨大飞跃。

第三,孔子首开私学,把教育普及到平民社会,推动了教育的发展,推动了社会的进步。在孔子以前,只有贵族子弟才能受到正规的教育,教师是国家任命的官吏,称为"保氏"。到了孔子生活的春秋晚期,连贵族教育也遭到破坏，而社会又需要大量的人才。于是，孔子毅然承担起教育家的职责，首开私学。孔子说："有教无类。"（《论语·卫灵公》）他的教育对象异常广泛，只要是严格要求自己、不断上进的人，他都谆谆教育。他的弟子中有贵族，但主要是平民。如他的得意弟子颜渊（颜回）十分贫穷，住在狭小的房子里，每天吃竹筐中的粗粮，渴了就喝清水。对这样的学生，孔子却从不轻视，而且特别推崇他的好学与道德，把他看作是自己最得意的学生。孔子培养了大量人才。他从事教育数十年，受其教诲者三千人，其中成就突出的学生达七十多人，如：颜渊、闵子骞、冉伯牛、仲弓，以德行突出著称；宰我、子贡，以善于辞令著称；冉有、子路，以从事政治著称；子游、子夏、曾参，以精通文献著称。子夏、曾参是孔子学说的重要传人。子夏传承孔子关于《诗》《易》《礼》的学说与《春秋》，曾参传承《孝经》与《大学》，曾参的弟子孔伋作《中庸》。

孔子总结自己的为人说："学而不厌，诲人不倦。"（《论语·述而》）正是这种敬业精神，造就了这位伟大的教育家。战国诸子继孔子而起，讲学授徒，形成了兴盛的教育之风。于是，人才大量涌现，造就了中国思想史上"百家争鸣"的黄金时代。

孔子及其所创立的儒学，不仅为中国和东亚各国长期信奉，而且影响了欧洲的启蒙运动思想家，推动了西方社会的进步。今天，"孔子学院"已经遍布世界各地，成为中外文化交流的一面旗帜。

二、《论语》的版本和体例

《论语》直接记述儒家创始人孔子的言行思想，是儒家思想的奠基之作。

《汉书·艺文志》说："《论语》者，孔子应答弟子、时人及弟子相与言而接闻于夫子之语也。当时弟子各有所记，夫子既卒，门人相与辑而论纂，故谓之《论语》。"《论语》大部分是孔子的谈话记录，故冠以"子曰"二字。"子"是对有名望者的尊称，相当于现代的"先生""老师"。在《论语》中，"子"是弟子们对孔子的专称。这恰好证明《论语》的原始记录编

纂者，是孔子的直接门人；而且《论语》中对"子路""颜回""子张""子夏"皆直呼其名，这也只能是同辈门人的口吻。但是，《论语》中还有孔子弟子的言行记录，则是出于孔子弟子的门人之手。如"曾子曰"，显然是曾参的弟子的口吻。

《论语》有几种大同小异的版本。汉武帝独尊儒术，设立五经博士，博士各以一经见长，而都必须兼通《论语》，《论语》被称为"五经之管辖"（赵岐《孟子题辞》）。据《汉书·艺文志》著录，西汉时期《论语》有三种版本，一是《鲁论语》，二是《齐论语》，三是《古文论语》。《古文论语》是从孔子住宅夹墙中发现的，它跟传世的《鲁论语》相近似。西汉末年，安昌侯张禹把《鲁论语》和《齐论语》综合为一个版本，称为《张侯论语》。

传世的《论语》的注解，以东汉末年大经学家郑玄（127—200）的注解为最早。郑玄的注解，以《张侯论语》为基础，并参照了《古文论语》。三国时期，何晏（？—249）收辑汉代注解的成果，作了《论语集解》。北宋时期，邢昺（932—1010）为《论语集解》作疏，形成《论语注疏》。南宋时期，人们把选择儒家经典的权威注解版本，合刻为《十三经注疏》，《论语注疏》收入《十三经注疏》中，成为影响广泛的《论语》版本。南宋思想家朱熹（1130—1200），集理学之大成，编纂《论语》《大学》《中庸》《孟子》为"四书"，以《论语》为首，特别加以推崇。朱熹用毕生精力作《四书章句集注》。《四书章句集注》，无论训诂与思想阐述都有精到之处，所以成为元、明、清科举考试的标准教材。"四书"对中国知识界和整个社会的影响，实际上超过了"五经"。《论语集注》是《四书章句集注》中的一部，是古代最有影响的《论语》注本。此外，清刘宝楠（1791—1855）的《论语正义》也是有名的注本。

《论语》的书名是什么意思呢？《论语》的"论"字有两个读音，lún 和 lùn。读 lún，是伦次、编排的意思；读 lùn，是议论、讨论的意思。按照《汉书·艺文志》"夫子既卒，门人相与辑而论纂，故谓之《论语》"的说法，《论语》的"论"是伦次、编排的意思，应该读 lún。也有少数学者认为应该读 lùn，他们说《论语》是讨论问题的书。

《论语》以孔子语录为主,分为二十篇。各篇主要是语录的集合,其篇名不是中心内容的概括,仅是取开头的两个字或三个字作为篇名,以便称呼而已。如第一篇开头一句话是"学而时习之",故名《学而》篇;第十五篇开头一句话是"卫灵公问陈于孔子",故名《卫灵公》篇。

《论语》篇下分章。《论语》中的"章",不同于我们现代所说的章。大多数的章,往往是一个语段,如《学而》篇第一章:子曰:"学而时习之,不亦说乎?有朋自远方来,不亦乐乎?人不知而不愠,不亦君子乎?"这个语段由三句话组成,从理性、情感、情绪等不同层面强调学习的自觉与快乐。有的章很短,只有一句话,如《述而》篇第二十章:"子不语:怪,力,乱,神。"有的章比较长,已发展为一篇文章,如《先进》篇的"四子侍坐"章。

《论语》每篇由若干章构成。每章的内容都是独立的,章与章之间不一定有联系,所以每篇不一定有明确的中心,仅仅是编在一起而已。但是,有的篇似乎有所侧重,如朱熹《论语集注》提示《学而》篇说:"所记多务本之意,乃入道之门,积德之基,学者之先务也。"

《论语》的分章,最有权威的是《论语注疏》的分章和朱熹《论语集注》的分章。朱熹《论语集注》把《论语》全书分为482章,其中《乡党》篇古本只有1章,而朱熹分为18节,实际上算18章,其实朱熹是把《论语》总共分为499章。《论语注疏》的分章,比《论语集注》略多几章,大同小异。本书的分章依据《论语集注》。

《论语》全书仅11 000多字,却全面反映了孔子的学说体系,反映了孔子的教育思想与教学经验,内容广泛而深刻,故被现代学术界称为"东方圣经"。

三、如何学习《论语》

读不同的书有不同的目的,或为消闲,或为专业需要,或为修养身心。不同的目的决定了不同的阅读方法。

古人学《论语》,强调学以致用。大理学家程颐说:"今人不会读书。

如读《论语》，未读时是此等人，读了后又只是此等人，便是不会读。”这就是强调学了《论语》要用于修养心性，不断完善自己。我们今天阅读《论语》，不仅可以了解儒学的基本内容，还可以从书中汲取为人处世的方法，学习孔子的教育思想与教学经验。

《论语》中蕴藏着可贵的为人处世的方法。如应该如何对待自己与别人，《论语》告诉我们说：“小不忍则乱大谋。”（《论语·卫灵公》）“三军可夺帅也，匹夫不可夺志也。”（《论语·子罕》）“君子成人之美，不成人之恶。”（《论语·颜渊》）“君子求诸己，小人求诸人。”（《论语·卫灵公》）“君子病无能焉，不病人之不己知也。”（同上）“君子周而不比，小人比而不周。”（《论语·为政》）“君子坦荡荡，小人长戚戚。”（《论语·述而》）这里所说的“君子”“小人”都是从道德修养的角度来区分的。再如应该如何选择朋友，《论语》告诉我们说：“朋友信之。”（《论语·公冶长》）“益者三友，损者三友。友直，友谅，友多闻，益矣。友便辟，友善柔，友便佞，损矣。”（《论语·季氏》）“君子以文会友，以友辅仁。”（《论语·颜渊》）又如《论语·季氏》篇中提出的“九思”“三戒”“三愆”，对我们有深刻的启示。《季氏》篇说：“君子有九思：视思明，听思聪，色思温，貌思恭，言思忠，事思敬，疑思问，忿思难，见得思义。”“君子有三戒：少之时，血气未定，戒之在色；及其壮也，血气方刚，戒之在斗；及其老也，血气既衰，戒之在得。”“侍于君子有三愆：言未及之而言，谓之躁；言及之而不言，谓之隐；未见颜色而言，谓之瞽。”我们如果把这些话记在脑海中，经常想想，应该可以少犯许多错误。当然，读者今天可从《论语》中学习的东西，本文不能一一列举，读者可以自己体会。

《论语》中蕴藏着宝贵的教育思想。如孔子以“六艺”教人。“六艺”中的礼、乐，属于德育和美育；射、御，属于体育；书、数，属于智育。孔子说：“仁者不忧，知者不惑，勇者不惧。”（《论语·宪问》）他强调德、智、体全面发展。

《论语》中蕴藏着孔子丰富的教学经验。如：第一，他平易近人，善于调动学生的积极性。《论语·先进》记叙他与四个学生在一起，他启发学生各自陈述志向，仔细倾听，充满平等和乐的气氛。他总是把培养学生的兴趣和志向摆在首要地位。第二，他善于抓住最佳时机，因势利导，启发学生的智慧。他说："不愤不启，不悱不发。"（《论语·述而》）第三，他善于根据学生的个性，因材施教。此外，还有"听言观行""叩其两端""学思结合""温故知新""多闻阙疑"等。

《论语》与现代化的关系，是一个值得深入探讨的问题。《论语》的主要作用是为人们提供一种健康积极的文化精神。如孔子提倡"和"，无疑具有稳定社会和增强民族凝聚力的作用。当代我国社会所发生的许多事件，都可以从正面或反面，证明"和"这种文化精神的积极健康的意义。在极左肆虐的时代，群众斗争群众，造成许多人间苦难，弄得人人自危，国民经济也临近崩溃的边缘。这是反面的教训。今天，我们提出建设和谐社会、和谐世界的主张，促进了国民经济与文化教育的持续发展，使全社会可以享受改革开放的成果，也促进了世界的稳定与繁荣。这是正面的经验。又如《论语》提倡修身，提倡忠、勤，则可以鼓励人们尽伦尽职，对事业兢兢业业；提倡节俭，可以养廉，可以增加社会积累，可以避免社会财富与资源的浪费。

《论语》在语言文字的运用上，也值得学习。它善于利用语言叙事状物、传情达理，还善于运用比喻、拟人、夸张、重叠、对偶、排比等修辞手法。其中很多准确、精炼、形象的语句，早已化为成语格言，不仅是人生精义的概括，也是语言运用的典范。如"尽善尽美""不耻下问""文质彬彬""举一反三""任重道远""循循善诱""后生可畏""成人之美""杀身成仁""欲速则不达""小不忍则乱大谋""岁寒，然后知松柏之后雕""言必信，行必果"等。又如"子在川上曰：'逝者如斯夫！不舍昼夜。'"（《论语·子罕》）画意、诗情、哲理三者达到了水乳交融的程度。学习这些语句，不仅可以激发我们对祖国语言文字的热爱，也可以提高我们运用语言文字的能力。

总之，《论语》作为一部中华文化的基础典籍，对于大多数读者来说，学习的目的是提高文化素质，提高观察社会与人生的能力，修养心

性，完善自己。所以，学习的方法应该重在体悟，取精用弘。

当然，孔子及《论语》也有不适合现代社会的东西。孔子是两千多年前的思想家。任何伟大人物都不可能完全超越他所生活的时代。时代的生产、科技水平与社会状况，最终制约着人们的思想水平。例如：《论语》的思想体系有一个最大的局限，那就是忽视哲学本体论的研究和自然科学的研究。又如：孔子的“仁”学是伟大的，但是，主张爱有等差，对亲属和对旁人有明显差别。这就是因为不能突破封建宗法制度与血缘关系的束缚。我们还要指出，历代封建统治者往往“阉割”原始儒学的民主精华，从而使孔子成为偶像，使儒学成为禁锢人们思想的工具。正因为这样，五四运动时期激进的思想家们才提出了“打倒孔家店”的口号。今天，我们研究孔子与儒学，应采取科学的分析、批判的态度，分清哪些是《论语》本身的思想，哪些是封建统治者附加上去的思想。比如：“三纲”思想——君为臣纲，父为子纲，夫为妻纲，本来是出于法家的《韩非子》，后来汉儒把法家思想融入儒家，儒表而法里，于是法家的“三纲”与儒家的“五常”相结合，变成了束缚人们的桎梏。又如片面要求妇女的贞节观，也是宋代理学家们所倡导的。这些思想并非出于孔子与《论语》。

本书由三大部分组成：

第一部分是前言“孔子和《论语》”，介绍孔子和《论语》的基本知识。

第二部分“《论语》分类导读”，是全书的主体。《论语》原书20篇近500章，并不是按照内容分篇分章。为了便于读者分类揣摩与查找，我们辑录《论语》中的100多条著名语录，按照内容划分为14个大类：1. 学习，2. 教育教学，3. 仁爱，4. 孝道，5. 礼，6. 中庸，7. 立志与君子，8. 修养，9. 交友，10. 察人，11. 从政，12. 治国，13. 评历史人物，14. 论文化典籍。每条语录后面都标明原书的篇目与章次，如《学而1》，即表示出于《学而》篇的第一章。

每条语录都有“译文”和“导读”及疑难词语解释。“译文”以直译为主。“导读”则尽量吸收古人和今人的研究成果，并结合现代社会的实际，向读者奉献我们的心得。但是，读者应该自己思考，不要被我们所局限。有时，一条语录的导读中，可能带出相关的另外一两条语录。

第三部分是“附录《论语》原著”，每篇的分章是按照朱熹的《论语集注》。本书的编写框架、前言以及“《论语》分类导读”中的《学习》篇由陈蒲清教授撰写，其余部分由潘雁飞教授完成。本书的编写目的，是为了跟青少年读者一道，较为全面地了解孔子和《论语》，挖掘儒家思想的当代价值。

著名华裔科学家李政道先生回中国向大学生发表演讲时，说过一句很深刻的话：“一个只依赖过去的民族，是没有发展的；但是，一个抛弃祖先的民族，也是不会有前途的。”我们要振兴中华文化，建设现代精神文明，就必须了解儒家创始人孔丘的学说，研究记录其言行思想的著作《论语》，研究《论语》对现代的影响与在现代社会生活中的应用。

目　录

《论语》分类导读

一、学习

1. 子曰:"学而时习[①]之,不亦说[②]乎? 有朋[③]自远方来,不亦乐乎? 人不知而不愠[④],不亦君子乎[⑤]?"(《学而1》)

译文

孔子说:"学知识并且经常练习它,不也喜悦吗? 有志同道合的一群人从远方前来共同学习,不也快乐吗? 人家不了解自己却不怨恨,不也是君子的风范吗?"

注释

①学、习:在现代汉语中是一个词,在古代汉语中是两个词。"学"是仿效、学习的意思;"习"本义是小鸟练习飞翔,引申为练习、复习。②说:古代既表示说话,又表示喜悦。后来,才造了"悦"字,表示内心的快乐。这条语录中的"说"应该读"悦"。③朋:本义是群鸟跟着凤凰飞翔,引申为在老师门下学习的一群同学。在现代汉语中,"朋"与"友"结合成一个词。④愠:怨恨、生气。⑤不亦……乎:表示反问、商量的语气。

导读

这是《论语》第一篇的第一条语录。由于这第一条语录是"学而"两字开头,所以《论语》的第一篇就叫作《学而》篇。儒家认为学习是做人的基础,所以把本条放在全书的开头。

本条语录的主旨就是讲学习的快乐。语录由三句话组成,层层推进。第一句讲学知识而且经常练习,提高了自己的品德和智能,因而有出自内心的快乐;第二句讲志同道合、相互影响,就更加快乐;第三句从反面讲,即使别人不理解,也不怨恨,仍然保持内心的快乐。学习本来是为了提高自己,进而服务社会,不是为了出风头,所以应该"人不知而不愠"。"人不知而不愠"是更高的快乐境界。

2. 子曰:“知之者不如好之者,好之者不如乐之者。”(《雍也18》)

孔子说:“了解它的人不如喜好它的人,喜好它的人又不如以它为乐的人。”

导读

这条语录揭示了学习知识的三种境界:了解某种知识→喜好某种知识→以某种知识为乐。了解是入门,喜好超过了解,以求知为乐是最高境界。所以,教育界的有识之士提倡“快乐学习”的理论。

这条语录,其实是孔子的经验之谈。据《论语·述而》记叙:有一次,叶县的长官遇到孔子的弟子子路,他向子路询问道:“孔子是什么样的人?”子路回答不出。子路告诉孔子,孔子说:“你为什么不这样说呢?他的为人啊,学习起来发愤忘食,快乐得忘记了忧愁,竟然不知道自己将到老年了。”这就是“乐之”的境界。

其实,古今中外的许多大学者、大科学家,往往达到了以求知为乐的境界。爱因斯坦说:“热爱是最好的老师。”天体力学奠基人牛顿、“发明大王”爱迪生等,他们钻研起学问来,常常忘记了身外的一切,甚至闹出被普通人看成是笑话的事。正因为这样投入,他们才有突出的贡献,彪炳史册。

3. 子曰:“古之学者为己,今之学者为人。”(《宪问25》)

孔子说:“古代求学的人,目的是完善自己,当今求学的人,目的是为了向别人炫耀。”

“为己”和“为人”的“为”,都是动词,读 wéi。“为己”,就是完善自己;“为人”,不是指为别人服务,而是指要求别人,或者是向别人夸耀。

孔子认为学习的最终目的是完善自己,这跟20世纪美国人本主义心理学创始人马斯洛所提出的“需要层次论”十分相近。马斯洛认为,人的最低需要是生理需要,依

次向上是安全需要、爱和归属需要、尊重需要,最高需要层次是自我实现的需要。所谓自我实现,就是养成完善的认知、理智、情感、人格。马斯洛讲的“自我实现”,可以作为“为己”的注脚。于丹女士谈她读《论语》的心得,其中最重要的心得是:“《论语》的真谛,就是告诉大家,怎样才能过上我们心灵所需要的那种快乐的生活。”于丹的心得,大概主要是来源于这条语录。

4. 子曰:“三人行,必有我师焉。择其善者而从之,其不善者而改之。”(《述而21》)

译文

孔子说:“三个人同行,其中一定有可以做我老师的人。我选择他们的优点便学习,看出他们的缺点便改正。”

导读

这条语录告诉我们:第一,要虚心向身边的人学习。只要谦虚,只要认真思考,到处都可以找到老师。第二,要善于向身边的人学习。即使是碰上有明显缺点的人,也可以把他作为镜子,吸取反面的教训。

5. 子曰:“温故而知新,可以为师矣。”(《为政11》)

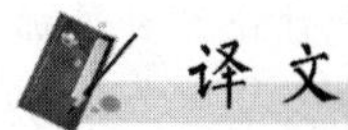

译文

孔子说:“温习旧知识,就能得到新知识。这样做,就可以给自己当老师了。”

导读

我们要巩固、积累知识,就必须经常温习旧知识。而且,温习旧知识,不仅可以巩固、积累知识,还往往能够产生新的体会、新的发现。因为,旧知识是新知识的基础。温习旧知识而产生新的体会,就像苏轼《送安敦秀才失解西归》诗中所说的:“旧书不厌百回读,熟读深思子自知。”钻研旧知识而产生新的发现,有不少的范例。如:马克思在研究英国古典经济学的基础上发现了剩余价值规律。马克思有一个习惯,他每年都抽时间温习古典哲学、古典经济学、古典文学的名著。

从科学发展史的角度来看，“温故知新”实际上道出了人类知识的进步过程。大科学家牛顿说得好：“如果说我比别人看得更远些，那是因为我站在巨人的肩膀上。”

6. 子曰：“学而不思则罔①，思而不学则殆②。”（《为政15》）

译文

孔子说：“学习却不思考，就会糊涂迷惑；空想却不学习，就会疲惫而无收获。”

注释

①罔（wǎng）：迷惑。②殆（dài）：通“怠”，疲惫而没有收获，亦有“危险不安”之义。

导读

学习知识却不思考，就会成为一个“书呆子”，成为教条主义者。这样的学习，不仅让自己糊涂迷惑，甚至可能给社会造成危害。明朝学者陆深的《俨山外集》，记叙了这样一个故事：名医戴元礼在南京见到很多人向一个医生求诊，那医生告诉一个病人说：“煎药时，要放一块锡下去同煎。”元礼觉得很奇怪，就向那医生求教。那医生说：“这是书上的古方。”元礼找到那本书，原来是个劣本，把“饧”（táng）字刻成了“锡”（xī）字。“饧”就是糖，当然可以入药。“锡”入药，岂不贻误病机，害人性命？可见那个医生是读书却不思考的人。

不学习而胡乱思考，就是空想、妄想，只会疲惫而没有收获。孔子自己就有这方面的体会，他说：“吾尝终日不食，终夜不寝，以思，无益。不如学也。”（《卫灵公30》）

7. 子曰：“由①！诲女知之乎！知之为知之，不知为不知，是知也。”（《为政17》）

译文

孔子说：“仲由啊！教你什么叫‘知’吧！知道就是知道，不知道就是不知道，这就是真正的知啊！”

注释

①由：仲由（前542—前480），字子路，为人勇敢真率。

导读

知识无涯，知道就是知道，不知道就是不知道，这是有知识的表现。孔子本人就是表率。

《八佾15》记载说：“子入大庙，每事问。或曰：‘孰谓鄹人之子知礼乎？入大庙，每事问。’子闻之，曰：‘是礼也。’”大庙，就是太庙（古代“大”和“太”为一字），是诸侯祭始祖的庙。鄹人指孔子的父亲叔梁纥，他曾任鄹邑大夫，孔子便出生在鄹邑。孔子进入太庙参加祭祀，每件事情都虚心提问。有人便说：“谁说鄹人叔梁纥的这个儿子懂得礼仪呢？他到了太庙，每件事都要发问。”孔子听了这话并不生气，平静地说：“这正是遵守礼仪呀。”孔子本来非常熟悉礼仪，但是不冒充里手。据说，有人向爱因斯坦问声速是多少，爱因斯坦说：“让我查查。”越是内行，越是谦虚慎重。

反之，不虚心学习，不懂装懂，冒充“知识里手”，没有不闹笑话的。明代公安派作家江盈科的《雪涛小说》中就有一个笑话。一个北方的读书人，从来没有看到过菱角。他到南方做官，席上摆了菱角，他连壳咀嚼。别人提醒他：“吃菱角要去壳。”他掩饰说：“我并非不知道。我连壳咀嚼是为了清热。”有人问他：“你家乡也有菱角吗？”他说：“前山、后山，哪里没有啊？”

8. 孔子曰：“生而知之者，上也；学而知之者，次也；困而学之，又其次也。困而不学，民斯为下矣！”（《季氏9》）

译文

孔子说：“生来就知道的人是上等；学过以后才知道的次一等；遇见困难后再去学习，又再次一等；遇见困难还不学习，这就是最下等的人了。”

导读

智力有先天的差别，但是知识不是先天的，世界上没有“生而知之”的人。所以，孔子这句话可以商榷。好在孔子的意思,不是渲染“生而知之”,而是强调学习的重要性,批评不愿意学习的人。而且可贵的是,孔子不认为自己是“生而知之”的人。他说:“我非生而知之者,好古,敏以求之者也。”(《述而19》)他还追述了自己坚持学习的历程,他说:“吾十有五而志于学,三十而立,四十而不惑,五十而知天命,六十而耳顺,七十而从心所欲,不逾矩。”(《为政4》)孔子十五岁就立志学习,三十岁才略有建树,四十岁才能不受迷惑,五十岁才了解天命(“天命”是指上天决定的命运,实际上是指没有能力逾越的自然规律或社会规律),六十岁才做到耳朵听到什么便可以正确领会,到了七十岁,才达到随心所欲而不违反规矩的境界。刻苦学习,持之以恒,才造就了伟人孔子。

9. 子曰:“由也,女闻六言①六蔽②矣乎?”对曰:“未也。”“居!吾语女。好仁不好学,其蔽也愚③;好知不好学,其蔽也荡;好信不好学,其蔽也贼④;好直不好学,其蔽也绞⑤;好勇不好学,其蔽也乱;好刚不好学,其蔽也狂。”(《阳货8》)

译文

孔子说:“仲由啊!你听说过有六句话所讲的六种弊病吗?”子路答道:“没有听过。”孔子说:“坐下!我告诉你。爱仁,却不好学,那弊病就是容易被人愚弄;爱智慧,却不好学,那弊病就是放荡无根基;爱诚实,却不好学,那弊病就是容易被人伤害;爱直率,却不好学,那弊病就是急切尖刻;爱勇敢,却不好学,那弊病就是捣乱闯祸;爱刚强,却不好学,那弊病就是狂妄急躁。”

注释

①六言:指下文所说的“好仁不好学,其蔽也愚”等六句话。《为政2》“《诗》三百,一言以蔽之,曰:‘思无邪。’”“一言”也是指一句话。②蔽:受蒙蔽,弊病。③愚:愚蠢,受人愚弄。④贼:受伤害。⑤绞:急切不通情理,说话尖刻刺人。

导读

爱好仁、爱好知、爱好信、爱好直、爱好勇、爱好刚,这本来都是好的倾向。但是,如果不通过学习而加以完善,那么就肯定会产生弊病、产生偏差。我们如果仔细观察

周围的人和事，就不难领悟这条语录所提供的人生经验与辩证法思想。

10. 樊迟请学稼。子曰："吾不如老农。"请学为圃。曰："吾不如老圃。"樊迟出。子曰："小人哉，樊须[①]也！上好礼，则民莫[②]敢不敬；上好义，则民莫敢不服；上好信，则民莫敢不用情[③]。夫如是，则四方之民，襁[④]负其子而至矣，焉用稼？"（《子路4》）

译文

樊迟请求学种庄稼。孔子说："我不如老农。"又请求学种蔬菜。孔子说："我不如老菜农。"樊迟退了出来。孔子说："樊迟真是志向太小的人啊！处在上位的人，只要讲究礼节，百姓就没有谁敢不尊敬他；只要爱好义理，百姓就没有谁敢不服从他；只要诚恳信实，百姓就没有谁敢不说真话。只要做到这样，四方的百姓就都会背负着小儿女来投奔他了。为什么要亲自种庄稼呢？"

注释

①樊须（前515—?）：字子迟，孔子弟子。②莫：无指代词，没有谁。③情：诚实，讲信用。④襁（qiǎng）：襁褓，背负幼儿的宽带子。

导读

孔子说"不如老农""不如老圃"，这是实事求是，我们不能求全责备。但是，他认为要求学农学圃的学生是"小人"，这就明显是对生产劳动的鄙视。这是孔子的局限。然而，从另外的角度来看，体力劳动与脑力劳动的分工，也是社会进步过程中的必然。无论中外都是一样。古埃及有一张纸草写道："要用心学习书写，这会使你摆脱一切艰苦劳动，成为一位有名望的官员。"（梅森《自然科学史》）只有科技和社会进步到更高的阶段，体力劳动与脑力劳动才能融为一体。

11. 子夏曰："仕而优则学，学而优则仕。"（《子张13》）

译文

子夏说："从政能够胜任而有余力，就要去学习；学习能够胜任而有余力，就可以从政。”

导读

这条语录,不是孔子讲的,而是孔子的弟子子夏讲的。子夏(前507—?),姓卜,名商,字子夏。他长于文献,是《易》学与《诗经》的传承人,相传《诗经》的序就是他写的。

这条语录是讲学习和从政的关系。“仕”的意思是从政,做官;“优”的意思是胜任而有余力。语录的重点,不是讲做官,而是讲学习的重要性。

孔子强调,必须学习好,具有知识才能从政。否则,就会造成危害,既害人,又害己。

这是历史经验的总结。《左传·襄公三十一年》记载了一个故事:郑国的执政大臣子皮,想派自己的亲信尹何去担任封地的长官。子产劝阻说:“他年纪轻,恐怕不能胜任。”子皮说:“尹何是不会背叛我的。要他去学习,他也就懂得政事了。”子产说:“不能这么办。但凡爱护一个人,总希望对他有利。现在您爱护一个人,却把政事交给他,就好像还不会拿刀却要他去割东西,那对他一定有很多的伤害。我想,您有一块美丽的丝绸,决不会交给不知道裁剪的人去学着做衣服。你要没有学习政事的人去管理封地,这不是把封地看得比一块丝绸还轻吗?我只听说过学习好了然后去从政,没有听说过让没有学习政事知识的人去从政。如果让这样的人从政,一定有危害。就好像派从来没有学习射箭、驾车的人去打猎一样,结果就是翻车被压,不会有任何收获。”子皮听从了子产的意见,后来把子产作为自己职位的继承人。子产知识丰富,把国家治理得井井有条,成为春秋时代的大政治家。《论语·先进》有一个近似的故事:子路派子羔担任费邑的长官,孔子批评子路说:“你这是害了他!”

孔子同时强调,从政能够胜任而有余力,就要继续学习,这样才能把国家治理得更好。《宋史·赵普列传》记载,赵普是北宋开国时期的著名政治家,他帮助宋太祖打天下,但是学问根底不足。宋太祖劝赵普多学习,赵普听从劝告,认真读书,手不释卷,特别是孜孜不倦地阅读《论语》。赵普通过学习,从政能力进一步提高,担任宋太祖、宋太宗两朝宰相,参与了许多重大事件的决策。传说,在一个严寒的雪夜,宋太祖去访问他,他还在孜孜不倦地读《论语》,宋太祖问他为什么反复读《论语》,他说:“我要用半部《论语》帮助陛下治理天下。”

古代的读书人,一般是两条出路,或做官,或当教师。他们从事的工作比较单纯,学习的内容也比较单纯。现代社会的读书人,要从事各种工作,因此在参加工作前,

要更加广泛地学习知识。而且,古代社会知识更新比较慢,古人尚且在从政后需要学习,而现代社会的发展可谓一日千里,知识不断更新,所以,现代人在从政或从事其他工作之后,更加不能中断学习,必须挤时间学习,终身学习。法国教育家保尔·朗格朗于1970年出版《终身教育引论》,提出“终身教育”和“学习化社会”的概念。“终身教育”是适应现代社会的教育思想。然而,孔子的“仕而优则学”实际上是终身教育思想的先导。

12. 子在川上曰:“逝者如斯夫!不舍[1]昼夜。”(《子罕16》)

译文

孔子在河流边说:“消逝的时光像这河水一样啊!日夜不停。”

注释

①舍(shè):休息。

导读

读这条语录,我们仿佛看见一位长者站在河边,感叹时光的流逝,提醒青少年要爱惜时光、爱惜生命。汉乐府《长歌行》:“百川东到海,何时复西归,少壮不努力,老大徒伤悲。”印度现代思想家、演说家奥修,喜欢用寓言表达自己的思想。他的寓言《一袋宝石》说:黎明前,一个渔夫在河边捡到一袋石头。他坐在岸边等待太阳出来,无事可做,就把石头一块块地抛进河里。太阳出来了,只剩下一块石头了,他才发现这是一块宝石。作者点明寓意说:“生命是一个大的宝库。人类没有好好利用它,只是白白地把它浪费掉。等到我们知道生命的重要性时,我们已经将时光消磨殆尽。”青少年朋友们应该警醒,如果玩物丧志,就等于把比黄金还珍贵的时光像石头一样白白抛弃。

孔子用奔腾不息的河水比喻时光,是一个美学创造,充满画意、诗情,而且充满哲理。古希腊哲学家赫拉克利特(约前540—约前480年与前470年之间)说:“人不能两次走进同一条河流中去。”东方和西方的这两位同时代的哲人,从河水中领悟并揭示了同样的哲理。

二、教育教学

1. 子曰:“有教无类[①]。”(《卫灵公38》)

译文

孔子说:“教育没有类别之分。”

注释

①类:种类,类别。

导读

这是孔子作为教育家的伟大之处。其意义有两点:一是他扩大了教育面。因为他不是只教某一类学生,不收另一类学生,而是要一视同仁。这里的没有类别之分,可以是贫富贵贱的不同类别,富如冉有,贫如颜渊、原宪,贵如孟懿子,贱如子路、公冶长,他们都是孔子有名的弟子;同时也可以是贤愚善恶的不同类别。在孔子看来贤愚善恶的不同,乃是由于后天习气的濡染,只要教育得法入心,人都可以复归于善与贤。所以在《述而》篇中他公开地宣称:“自行束脩以上,吾未尝无诲焉。”(《述而7》)意思是说只要愿意约束自己,修养向上,孔子没有不教诲的。(束脩:古代有两解,一是指十条干肉,一是指束带修饰,从后解。)二是扩散了知识。过去只有贵族才能接受教育,造成了知识的上层化,知识被贵族垄断。孔子的“有教无类”让“学在官府”的贵族教育、知识垄断教育转变为社会化教育、民间教育,知识得到了最大程度的扩散,文化知识在一定范围内得到普及,有力地促进了社会文明的发展。

2. 子以四教:文,行,忠,信。(《述而24》)

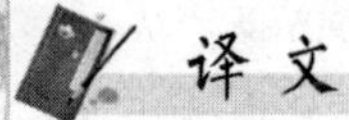

译文

孔子用四种内容教育学生:文献,实践,忠诚,信誉。

导 读

这是孔子的教学内容,是语录整理的弟子记事的言辞。孔子服膺周代文化,他说:“郁郁乎文哉! 吾从周。”(《八佾 14》)这里的“文”指先王的遗文,所以可以译为“文献”。用现在的话来说是“知识”部分的内容,属于智育,“行,忠,信”是德育方面的内容,“行”是德行,在心为德,施之为行。“忠信”则是德行的根本。孔子总是把德放在重要的地位。

“四教”实际上是教育怎么做人的问题,包含了教育上的先后次序和由浅入深,说明育人既要注重认知,更要注重情志。孔子先教以“知”,“知”而后教以“行”,要使“行”保持在德行的正轨上,就要力避两种偏向:以“知”为夸耀,以“行”来作秀,也就是非“忠”、非“信”的行为。所以“行”必出于自己的“心诚”,于社会人际必给人“信实”之感。这实际上是一种全人教育。教育家陶行知说:“千教万教教人求真,千学万学学做真人。”就是这四者的另一种言说方式。

3.子曰:“默而识[①]之,学而不厌[②],诲人不倦,何有于我哉?”(《述而 2》)

译 文

孔子说:“默记知识于心,努力学习而不知厌弃,教诲别人而不知倦怠,这对我来说又有什么困难的呢?”

注 释

①识(zhì):记住。②厌:满足;厌烦,厌弃。意谓“学习从不满足”。也同样强调学习的恒心,具有“厌弃”的意思。

导 读

本条所说是作为一个教育者或作为一个社会人在学习上和育人上应取的态度。默记的是各种有用的知识。因为学习不是目的而是手段,目的在于通过学习来修身。学习是为自己修身,“诲人”是帮助他人通过学习来修身。“不厌弃”“不倦怠”的前提是不要把学习和育人当成苦差事，所以学习是自娱自乐，育人是助人为乐，才能“学而不厌”与“诲人不倦”，从这个角度来理解孔子的“何有于我哉?”实在是可以感受到他的快乐情绪。他说：“德之不修，学之不讲，闻义不能徙，不善不能改，是吾忧也。”(这“四忧”才是让他高兴不起来的事。)

另一方面，“不厌”“不倦”也体现出一种“学”与“教”上的坚持态度，也就是恒心。有了恒心，“学”与“教”就不再是困难的，而是快乐的了。今天我们提倡“快乐学习”“终身学习”，源头或许源于此，但后人往往忘记了我们还要有一个持之以恒的情感态度。

4.子曰：“不愤①不启，不悱②不发。举一隅③不以三隅反，则不复也。”(《述而8》)

译文

孔子说：“不到学生想求明白而未明白时不去开导他，不到学生想要表达而未能表达时不去引导他。教给他一个方面，却不能由此推知其他方面的话，便不再教新知识了。”

注释

①愤：想理解，但一时理解不清。②悱：想表达却一时表达不出来。③隅：角落，指某一方面。

导读

这是孔子的教学法，也是“启发”一词的出处。既符合认识规律，也符合教学规律，且永远不会过时。启发式教学滥觞于此，启发教学关键在于时点的把握。当学生有理清思路的强烈动机时，这时去点拨往往能让人茅塞顿开；当学生想要表达而又没找到恰当的表达言辞时，这时去诱导他，会使这种表达自然流出，晓畅明白。可惜今天我们有些人大谈启发式教学，却只在形式上兜圈子，实际上已失去了启发式教学的“原味”了。

5.子曰：“吾有知乎哉？无知也。有鄙夫①问于我，空空②如也；我叩

其两端而竭焉。”(《子罕7》)

译文

孔子说:“我有知识吗?我没有啊。有一个知识浅薄的人向我请教问题,很诚恳的样子。我就从问题的两个方面(如正反、大小、上下、精粗、表里、本末、终始等)穷尽全貌,以使他明白。”

注释

①鄙夫:见识浅薄的人,或指来自边远地方的人。②空空:无知,一无所有。一说孔子自谦空无所知,一说形容问者空无所知。又据《经典释文》引郑玄注,“空空”或作“悾悾”,形容问者的诚恳。郑说为是。

导读

本条有不同理解。如李零先生说:“孔子的话,全是讲自己的无知,鄙夫来问,不是鄙夫‘空空如也’,而是孔子自己‘空空如也’……孔子认为‘下愚’是无法改变的,我怀疑,他是说,在傻瓜面前,我一无所知。”(李零《丧家狗——我读〈论语〉》)

实际上还是传统的解释靠谱。可以把这条语录作为启发式教学的一个案例。这里既指教的人虚心,也指学的人虚心、诚恳。孔子自认“无知”,并不是真的一无所知,而是指他并不拥有别人问的一切知识,孔子作为老师,善于从诚恳请教学生的疑问中进行引导、启发,使学生开悟而已。他引导、启发学生的方式是从问题的两方面入手,来穷尽疑问罢了。这正说明孔子虚心善教、学生虚心善学。在虚心方面,这条语录还可与“知之为知之,不知为不知,是知也”参照理解。

6.子曰:“后生可畏,焉知来者之不如今也?四十、五十而无闻焉,斯亦不足畏也已!”(《子罕22》)

译文

孔子说:“年轻人是可敬畏的,怎能断定后来的人不如现在的人呢?一个人到了四五十岁还没有什么名望,也就不值得敬畏了。”

导读

“后生可畏”从来都是一种大趋势，自古及今如此。有人说年轻人也有“恶少”“纨绔”，四五十岁也有大器晚成的，还有越老名气越大，越老越受人尊敬的，所谓“姜还是老的辣”，也如颜渊评价孔子：“仰之弥高，钻之弥坚，瞻之在前，忽焉在后！”（《子罕 10》）

孔子这样说是有他的道理的。宋代大儒朱熹就深得其心：孔子是说年轻人未来年岁多，精力旺盛，足以积累自己所学而成为一个有学问有名望之人，其将来的势头怎么会不超越我们现在这些人的呢？然而如果不能努力学习、充实自己的话，到老了还没有学问，没有名望，就不足以让人敬畏了。所以他说这话的目的在于教育、警示年轻人，要及时努力学习，免得“少壮不努力，老大徒伤悲”。（《论语集注》：“孔子言后生年富力强。足以积学而有待，其势可畏，安知其将来不如我之今日乎？然或不能自勉，至于老而无闻，则不足畏矣。言此以警人，使及时勉学也。”）

毛泽东 1957 年在莫斯科大学勉励留苏学生要好好学习时，就从鼓励的角度表达了类似的意思：“世界是你们的，也是我们的，但是归根结底是你们的。你们青年人朝气蓬勃，正在兴旺时期，好像早晨八、九点钟的太阳。希望寄托在你们身上。”

7. 子曰：“爱之，能勿劳①乎？忠②焉，能勿诲乎？”（《宪问 8》）

译文

孔子说：“关爱他，能不好好劝勉他吗？为人尽心，能不好好教导他吗？”

注释

①劳：劝勉。王引之《经义述闻·卷三十一·通说上》说：“劳亦勉也，谓爱之则当劝勉之也。勉与诲义相近，故劳与诲并称。”②忠：尽心竭力。段玉裁《说文解字注》：“忠，敬也。尽心曰忠。”“忠”在儒家经典中，有时指尽心尽职，并非都指臣子对君王的忠诚。

导读

这条语录讲的是对学生的爱护、教诲的态度和方针。一是对学生多加劝勉，使之

勤奋,而不是一味溺爱;二是为人师要对学生尽心尽职做好教诲、引导,使之走向正道。今天教育界有一句大白话:“既要关心爱护学生,又要严格要求学生。”可以说与孔子的意思相近。关心爱护学生,是为了树立学生勤奋学习的信心;严格要求学生便是多加教诲,引导学生走向正确的人生方向。

8. 子路问:“闻斯[①]行诸?”子曰:“有父兄在,如之何其闻斯行之?”冉有[②]问:“闻斯行诸?”子曰:“闻斯行之。”公西华[③]曰:“由也问:‘闻斯行诸?’子曰:‘有父兄在。’求也问:‘闻斯行诸?’子曰:‘闻斯行之!’赤也惑,敢问。”子曰:“求也退,故进之;由也兼人[④],故退之。”(《先进21》)

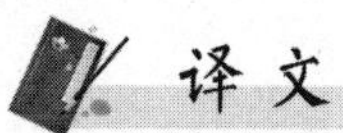

译文

子路问老师:“听说了某件事就要为之行动吗?”孔子说:“父亲兄长都在,怎么能够不商量就付诸行动呢?”冉有问老师:“听说了某件事就要为之行动吗?”孔子说:“听说了就要去做。”公西华问老师:“仲由问:‘听说了某件事就要为之行动吗?’您说:‘还有父亲兄长在。’冉求问:‘听说了某件事就要为之行动吗?’您说:‘听说了就要去做。’我有些困惑,冒昧地来问问是为什么。”孔子说:“冉求胆小喜爱退缩,所以我鼓励他勇往直前;仲由胆大,喜欢争强好胜,所以我要让他谦退。”

注释

①斯:此,这。②冉有(前522—前489):冉求,字子有,通称冉有。春秋末鲁国人。孔子弟子。以政事见称。多才多艺,尤擅长理财,曾担任季氏家臣。③公西华:公西赤,生卒年月不详,姓公西,名赤,字子华,亦称公西华,春秋末鲁国人。孔子弟子,擅长外交。④兼人:胜过别人,引申为争强好胜。

导读

这是因材施教的典型案例。在《论语》里诸弟子问仁、问礼、问孝、问政,孔子根据不同的对象和情境,对同一问题的回答都不一致。可见,因材施教是孔子教育上的一个闪光点。

《礼记·学记》对此解说得比较到位："学者有四失，教者必知之。人之学也，或失则多，或失则寡，或失则易，或失则止。此四者，心之莫同也。知其心，然后能救其失也。教也者，长善而救其失者也。"对学生个体来说性格不一、行为有异，认知水平有高有低，学习能力有大有小，学生整体素质有强有弱，教师必须因材施教，有针对性地教学，才能发挥学生的长处，激发学生的兴趣，弥补学生的不足，挽救学生的过失。

子路胆大爱冒险，遇事喜欢蛮干，所以孔子告诫他要多向父兄商量，以免因蛮干而撞墙；冉有性格谨小慎微、患得患失，遇事裹足不前，所以孔子要他果敢决断，闻之则勇敢前行，不要犹豫。同一问题，不同的回答，恰可看出孔子育人因人而教的良苦用心。孔门四科著名弟子有"德行：颜渊、闵子骞、冉伯牛、仲弓；言语：宰我、子贡；政事：冉有、季路；文学：子游、子夏"(《先进2》)。朱熹《论语集注》说："弟子因孔子之言，记此十人，而并目其所长，分为四科。孔子教人，各因其材，于此可见。"此即"因材施教"。

当然，现代教育"因材施教"有了更丰富的内涵。即不仅仅是因性格施教，也要因年龄不同而施教，因性别不同而施教，因学习能力大小不同而施教，因闻道先后而施教……同时还要将因材施教与因材而学、因材择学、因教而学结合起来，择其善从之，不善而改之；允许学生根据自己的能力、兴趣等特殊情况自由发展。

9. 子路、曾皙[①]、冉有、公西华侍坐。

子曰："以吾一日长乎尔，毋吾以也。居则曰：'不吾知也！'如或知尔，则何以哉？"

子路率尔[②]而对曰："千乘[③]之国，摄乎大国之间，加之以师旅，因之以饥馑[④]。由也为之，比及三年，可使有勇，且知方也。"夫子哂之。

"求，尔何如？"对曰："方六七十，如五六十，求也为之，比及三年，可使足民。如其礼乐，以俟君子。"

"赤，尔何如？"对曰："非曰能之，愿学焉。宗庙之事，如会同，端章甫[⑤]，愿为小相焉。"

"点，尔何如？"鼓瑟希，铿尔，舍瑟而作。对曰："异乎三子者之撰。"子曰："何伤乎？亦各言其志也。"曰："莫[⑥]春者，春服既成。冠[⑦]者五六人，童子六七人，浴乎沂，风乎舞雩[⑧]，咏而归。"夫子喟然叹曰："吾与[⑨]点也！"

三子者出,曾皙后。曾皙曰:“夫三子者之言何如?”子曰:“亦各言其志也已矣。”曰:“夫子何哂由也?”曰:“为国以礼,其言不让,是故哂之。”“唯求则非邦也与?”“安见方六七十,如五六十,而非邦也者?”“唯赤则非邦也与?”“宗庙会同,非诸侯而何?赤也为之小,孰能为之大?”(《先进25》)

译文

子路、曾皙、冉有、公西华陪奉孔子坐着。孔子说:“因为我比你们年纪大,不要因此受拘束。你们平日里说:‘人家不了解我啊!’假如有人要了解你们,那你们怎么办呢?”

子路不假思索地回答说:“拥有一千辆兵车的诸侯国,夹在大国的中间,有外国的军队入侵,又加上国内灾荒。我去治理的话,三年之后,可以使民众勇敢,而且懂得相应的道义。”

孔子撇嘴笑笑没有回应。于是又问:“冉求!你怎么样啊?”冉求答道:“国土六七十里,或者五六十里的小国,我去治理的话,三年之后,可以使民众富足,至于修明礼乐,那就只有等其他贤能的君子了。”

孔子又问:“公西赤,你怎么样?”公西赤答道:“不敢说我有能力,但我愿意学习。宗庙祭祀或者诸侯会盟的时候,我愿意穿着礼服,头戴礼帽,做一个小小的司仪。”

孔子又问:“曾点,你怎么样?”曾皙弹奏瑟的声音变得稀落,“铿”的一声,把瑟放下,站起来回答道:“我的志向和三位同学不一样。”孔子说:“有什么关系呢?也不过是各人说各人的志向罢了。”曾皙便说:“暮春时节,办好春装后,邀约五六个青年,六七个少年,在沂水河里洗洗澡,在舞雩台上吹吹风,一边唱歌一边吟诗,一边往回走。”孔子长叹一声道:“我赞成曾点的想法啊!”

子路、冉有、公西华三人都走出去了,曾皙后走,曾皙问道:“他们三位的话怎样?”孔子说:“也不过各人说说自己的志向罢了。”曾皙又问:“先生您为什么笑仲由呢?”孔子说:“治理国家应该用礼,可是他的话一点也不谦让,所以哂笑他。”“难道冉求所讲的就不是邦国治理之道吗?”孔子说:“怎见得方圆六七十里或者五六十里的土地就不是一个诸侯国呢?”曾皙说:“公西赤所讲的就不是邦国治理吗?”孔子说:“宗庙祭祀,诸侯会盟不是诸侯国的大事又是什么?如果公西赤做的只是小司仪,又有谁能做大司仪呢?”

注释

①曾皙:曾点,字子皙,亦称曾皙,春秋时期鲁国人。生卒年月不详。曾参之父。②率尔:急切、急迫的样子。《礼记·曲礼上》:"长者问,不辞让而对,非礼也。"又"侍于君子,不顾望而对,非礼也"。可见,子路的匆忙回答正好显示出他鲁莽、争强好胜的性格,也违背了礼仪。③千乘(shèng):古时一车四马为一乘。千乘之国,拥有千辆兵车的诸侯国,在当时是一个中等诸侯国家。④饥馑:荒年。谷物歉收为"饥",蔬菜歉收为"馑"。⑤端章甫:端,古代礼服名;章甫,古代礼帽名。这里均用作动词。⑥莫:"暮"的本字。⑦冠(guàn):成年人。古代男子二十而冠。⑧舞雩(yú):祭天求雨之处,有台有树。祭天时,有歌舞,故称"舞雩"。⑨与:赞同。

导读

这条语录虽然讲的是治国的大事,强调的却是"为国以礼"。"礼"是"仁"的外在表现形式,所以治国靠的是广布"仁德"。其终极目的是人对生活的幸福享受。所以孔子最赞赏这种天下太平之后的"春风沂水"之乐。赞赏曾点自然不足为怪。

但毕竟是"各言其志",孔子也并没有否认其他弟子的志向,只是在情感态度上有所变化而已。子路是直性子,所以他不假思索地说:"一个危机四伏的'千乘之国',我去治理的话,三年后百姓就会勇敢且懂得道义。"孔子笑他,正是因为他的治国之志缺乏"让"的成分,礼数不够周到。虽然后面的弟子越讲越谦让,但都没有超越治国这个大主题。而且仔细分析,子路治国在内容上解决了强兵问题,冉有解决了富民问题,公西华解决了礼仪问题,他们三者互为补充,组成了治国的全部内容。只不过冉有、公西华没有意识到而已。因为有了前三者"志"的实现,曾点享受生活(享受和平、富裕与文明)才成为可能。

另一方面,这也是一堂经典的示范课。老师与学生平等对话,学生与老师平等切磋,师生共同享受"春风沂水"之乐。现代教育也认为我们要改变灌输式的接受教育,要采用开放式的互动教育,且强调在互动上由"一维"向"多维"互动,也就是说既有学生与教师之间的互动,更有学生个体之间与群体之间的多向互动。教师是教者、述者、问者、指导者、引导者,也是思者、听者;学生是听者、答者,也是思者、问者、论者。两千多年前的孔子早就践行了这一现代教育思想。

10. 子所雅言[①]:《诗》、《书》、执礼,皆雅言也。(《述而 17》)

译文

孔子用雅言的场合:诵《诗经》、读《尚书》、主持礼仪。

注释

①雅言:标准语,犹如今之普通话。

导读

孔子是鲁国人,平时可能多讲鲁语。而在教学《诗》《书》、诵读《诗》《书》或主持礼仪的过程中,一定会说当时的普通话。一是体现孔子重视文化传统,二是体现孔子推广文化传统的决心,三是推崇天下一家、天下大同的理想。

11. 子曰:"辞,达而已矣!"(《卫灵公 40》)

译文

孔子说:"言辞通畅、明白便可以了。"

导读

孔子在这里是强调,说话、写文章,能把自己要表达的意思,自然、流畅地说出来即可,明明白白的,让人一看就懂。没必要啰嗦或运用华丽的辞藻一味为情造文。

三、仁爱

1. 樊迟问仁。子曰:"爱人。"问知[①]。子曰:"知人。"樊迟未达。子曰:"举直错[②]诸枉,能使枉[③]者直。"(《颜渊 22》)

译文

樊迟请教什么是仁。孔子说:“爱护众人。”又请教什么是智。孔子说:“了解众人。”樊迟还是未能理解。孔子说:“选出正直之人,把他放在歪邪之人的上面,就可以使歪邪之人变得正直起来。”

注释

①知:通“智”。②错:通“措”,放置。③枉:弯曲,指不正派的人,与正直之人相对。

导读

孔子善于因材施教,对“仁”的回答也往往因人而异。而这里的回答是触及了“仁”的核心。仁,就是对他人的爱,对别人的好。有仁爱心之人,又必是正直之人。所以樊迟问什么是“知”的时候,孔子的回答是了解人,即了解别人是否正直。在社会中,如果能了解人,把那些有仁心的正直之人放在无仁心的歪邪之人的上面,那么不仁之心就会远远离开,仁心就会回到人的心里。歪邪之人因为仁心的回归也会变得正直起来。

其实,樊迟并没有弄懂孔子所说的意思,出来后请教同学子夏,子夏深得孔子话语的丰富内涵,给樊迟通俗地举了两个例子:“舜有天下,选于众,举皋陶,不仁者远矣。汤有天下,选于众,举伊尹,不仁者远矣。”很明显在大舜和商汤时期,选出贤能的仁人(皋陶、伊尹)放在朝廷之中,不仁者自然就不见了(“枉者直”)。

2. 子贡①问曰:“有一言而可以终身行之者乎?”子曰:“其‘恕’乎!己所不欲,勿施于人。”(《卫灵公23》)

译文

子贡问道:“有一个字可以奉行一辈子的吗?”孔子说:“大概就是‘恕’吧!即自己不想要做的事,就不要强加给别人。”

注释

①子贡(前520—?):端木赐,复姓端木,字子贡(古同子赣)。东周春秋末年卫国人。孔子的得意门生,在“孔门十哲”中以言语闻名。子贡利口巧辞,善于雄辩,且有干济才,办事通达。

导读

“恕”字的古义就是以己度人,推己及人。人在社会中有积极、消极两种处世态度。积极的就是“仁”,主动去对别人好,去爱护众人,就是“己欲立而立人,己欲达而达人”(《雍也28》)。消极的就是“恕”,也就是“己所不欲,勿施于人”,要有宽厚的待人之道。有了这种心,也就有了仁。所以曾子也说:“夫子之道,忠恕而已矣。”(《里仁15》)

相近的意思在国外也不少。《圣经·马太福音》说:“你们愿意人怎样待你们,你们也要怎样待人。”印度史诗《摩呵婆罗多》:“你自己不想经受的事,不要对别人做;你自己向往渴求的事,也该希望别人得到。”可见,人性人心均可相通,正因此,仁心才可以推己及人。

3. 子贡曰:“如有博施于民而能济众,何如? 可谓仁乎?”子曰:“何事于仁? 必也圣乎! 尧、舜其犹病[①]诸! 夫仁者,己欲立而立人,己欲达而达人。能近取譬,可谓仁之方也已。”(《雍也28》)

译文

子贡说:“假如有人能够广施恩惠给百姓,又能救济大众,怎么样? 可以算得上是仁了吧?”孔子说:“哪里仅仅是仁啊,那一定是圣人了! 尧、舜或许都难以做到这点呢! 仁人啊,就是自己想成功,也想使别人成功;自己想通达,也想使别人通达。能就眼前选择范例做起,这就可以说是实践‘仁’的方法了。”

注释

①病:为难。

导读

这条语录讲“仁”与“圣”的区别，说明仁不远人，仁就在身边。仁是从身边做起，从我做起，将心比心，推己及人。“仁”更多地表现为一种自我人格修养，因而也就不必要达到普施恩惠于天下、周济万民的高度，这种高度圣人尧、舜或许也很难达到。《宪问45》：“子路问君子。子曰：‘修己以敬。’曰：‘如斯而已乎？’曰：‘修己以安人。’曰：‘如斯而已乎？’曰：‘修己以安百姓。修己以安百姓，尧、舜其犹病诸！’”子路问什么是君子？孔子说了三层意思：第一层从我做起，加强自我修养，恭敬、谨慎从事；第二层从我做起，加强自我修养，推己及人，安抚别人。这两层当是君子行仁之道。第三层，修养自我，不仅推己及人，还要安抚天下百姓。孔子说恐怕尧、舜也很难做到。这是圣人之道了。大意与这条语录相当。所以，孔子曾说：“圣人，吾不得而见之矣；得见君子者，斯可矣。”（《述而25》）

4. 厩焚。子退朝，曰：“伤人乎？”不问马。（《乡党12》）

译文

马棚失了火。孔子退朝回来，问道：“伤人了吗？”不问马的伤亡情况。

导读

这体现了孔子的爱人思想。当时马价昂贵，但孔子以人为重，所以不问马的伤亡情况。另一说法是，孔子先问人的伤亡情况，再问马的伤亡情况，也可通。如果这样的话，句读可改为：“曰：‘伤人乎？’‘不。’问马。”

5. 子钓而不纲[①]，弋[②]不射宿[③]。（《述而26》）

译文

孔子钓鱼，但却不用渔网捕鱼；孔子射鸟，但却不射归巢的鸟。

注释

①纲：本指用大绳横遮流水，绳子上再用生丝罗列系钩以取鱼。这里指用网捕

鱼。②弋:用带绳的箭射鸟。③宿:归巢夜宿之鸟。

导读

这条语录反映了孔子不枉杀滥捕、取物有节的美德,其中隐含仁义之心。《大戴礼·曾子大孝》:“草木以时伐焉,禽兽以时杀焉。夫子曰:‘伐一木。杀一兽,不以其时,非孝也。’”可作正解。

6.子张[①]问仁于孔子。孔子曰:“能行五者于天下,为仁矣。”“请问之?”曰:“恭、宽、信、敏、惠。恭则不侮,宽则得众,信则人任焉,敏则有功,惠则足以使人。”(《阳货6》)

译文

子张向孔子问什么是仁。孔子说:“能在世间实践五种品行,就是仁了。”子张问:“请问是哪五种?”孔子说:“庄恭、宽厚、诚信、勤敏、慈惠。庄恭就不致遭受侮辱,宽厚就会得到众人拥护,诚信就得人任用,勤敏就会取得功绩,慈惠就能使唤别人。”

注释

①子张(前503—?):颛孙师,字子张,孔子弟子。春秋末陈国人。孔子死后,独立招收弟子,宣扬儒家学说,是“子张之儒”的创始人。

导读

孔子对子张说仁,实际上是将“仁”内化而成的道德修养向外扩充、推行,外化、转换为社会价值,以调节人与人之间、人与社会之间的诸种关系。作为执政者而言,实践这五种品行自然也会带来社会政治的和谐。孔子答仲弓问仁,二者也有相似之处:“仲弓问仁。子曰:‘出门如见大宾,使民如承大祭。己所不欲,勿施于人。在邦无怨,在家无怨。’”(《颜渊2》)孔子从敬(“出门如见大宾,使民如承大祭”)、恕(“己所不欲,勿施于人”)、无怨三个层次诠释了仁的内涵,只不过在这里更注重的是个人的德性修养。

7. 子曰:"刚、毅、木、讷,近仁。"(《子路27》)

孔子说:"刚强、果敢、质朴、慎言,这四种品德接近于仁。"

刚,则无欲,能不为欲望所动;毅,坚毅果敢,不屈服于人,善于决断;木,表情质朴,与装模作样的令色相反;讷,言语迟钝,不善表达,与花言巧语、能说会道的"巧言"相反。刚毅可作为一对,今天还是褒义;木讷可作为一对,孔子讨厌巧言令色,赞扬"木讷"。"仁"作为一种道德,孔子提出"刚、毅、木、讷"四个标准确实令人深思。

8. 子曰:"唯仁者,能好人,能恶人。"(《里仁3》)

孔子说:"只有仁德的人才能真正去爱人,才能真正厌恶人。"

这条语录说明孔子的好、恶是以"仁"为标准的,不是无原则地去爱人,去厌恶人。仁者以仁为标准,好、恶以此定。子贡就曾经问孔子,如果全乡的人都喜欢一个人,全乡的人都厌恶一个人,那如何看这个人?孔子回答说不能以人喜欢或厌恶的多寡来定,而最好是全乡的好人都喜欢他,全乡的坏人都厌恶他,那他一定是好人。(《子路24》:子贡问曰:"乡人皆好之,何如?"子曰:"未可也。""乡人皆恶之,何如?"子曰:"未可也。不如乡人之善者好之,其不善者恶之。")又说:"众恶之,必察焉;众好之,必察焉。"(《卫灵公27》)说明对一个人的判断必须坚持仁的是非标准,不能为舆论所左右。

9. 子曰:"当仁,不让于师。"(《卫灵公35》)

孔子说:"为了实践仁,对老师也不必谦让。"

导读

面对践行“仁”，我们应该要有一种担当。钱穆认为：“求道当尊师，行道则无让师之义。”（《论语新解》）亚里士多德说：“吾爱吾师，吾更爱真理。”也可算近似的表达。

10. 子曰：“志士仁人，无求生以害仁，有杀身以成仁。”（《卫灵公8》）

译文

孔子说：“志士仁人，没有因贪生苟活而损害仁的，只有献出生命来成全仁的。”

导读

孔子热爱生命，从不将生命视为儿戏，不轻言死。他曾说：“未知生，焉知死？”（《先进11》）而面对仁，为了成全仁，他认为没必要因贪生而损害仁，应该为成全仁而毅然献身。为仁而献身，就是弄懂生的意义了。所谓“朝闻道，夕死可矣”（《里仁8》）。

11. 子曰：“知者乐水，仁者乐山。知者动，仁者静。知者乐，仁者寿。”（《雍也21》）

译文

孔子说：“智慧的人喜好水，仁爱的人喜好山。智慧的人活跃，仁爱的人沉静。智慧的人快乐，仁爱的人长寿。”

导读

句式看似平行并列，意味则深邃绵长。前两句以喻言之，中两句以体性言之。所以智者如汩汩欢快的流水，仁者如安静沉稳的大山。后两句以功效言之。山性静，仁者不动如山，可以长久，可得永寿；水性动，智者有如长流水，利于仁，可以悦人，所以快乐。

12. 子曰："知者不惑，仁者不忧，勇者不惧。"（《子罕28》）

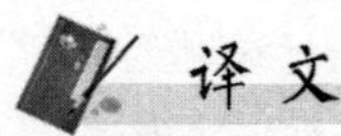

译文

孔子说："智慧的人不疑惑，仁爱的人不忧愁，勇敢的人不恐惧。"

导读

《礼记·中庸》说："知、仁、勇，三者天下之达德也。"这是儒家的理想人格。聪明与智慧在于能正确地理解社会与人生，故不惑。仁爱在于推己及人，把爱推向亲人、邻里、朋友、众生，从而达成自我的满足，获得内心的喜悦，故不忧。为人有了正确的选择，可以勇往直前，故无惧。

13. 仁者，必有勇；勇者，不必有仁。（《宪问5》）

译文

有仁德的人，一定勇敢；但勇敢的人，不一定有仁德。

导读

这是一种内外之间的辩证关系。"仁"是内在的道德，"勇"是外在的形式。内心仁德之人，外在必定是勇敢之人。而表面的勇敢，不一定证明他就是仁德之人。"勇而无礼则乱"（《泰伯2》）、"恶勇而无礼者"（《阳货24》）便是反证。

14. 子曰："里①仁为美。择②不处仁，焉得知？"（《里仁1》）

译文

孔子说："居住的地方要有仁德的风俗为好。选择住处，不找有仁德的地方，怎么算得上有智慧呢？"

注释

①里：居处，与下文的"处"互文见义。②择：指选择居处。一说，古书引用或作

“宅”,用为动词。

导读

里,本为古代面积单位,即长宽各300步,古代以此安置居民。至今还有里弄、里巷之说。这里指居处。现在的人买房子讲究风水、景观、交通、周围环境、生活方便程度等。孔子选择住处,强调居处有仁德的风俗,有和谐的礼仪,看中邻居,希望与仁人为邻。因为这才是美好的,否则便是不聪明。而现代的社区居民之间居住空间隔开,往往老死不相往来,也不管居处是否充满仁德、和谐,舍本逐末了。现在的社区建设应好好体会孔子的这些话。

15. 子曰:“富与贵,是人之所欲也;不以其道得之,不处也。贫与贱,是人之所恶①也;不以其道得之,不去也。君子去仁,恶乎成名?君子无终食②之间违仁,造次③必于是,颠沛④必于是。”(《里仁5》)

译文

孔子说:“富裕与尊贵,是人们所想要的;但不用正当的手段得到它,君子是不会接受的。贫穷与低贱,是人们所厌恶的;但不用正当的手段抛弃贫贱,君子也是不会采取的。君子如果离开了仁德,怎能成就他的名节呢?君子没有在哪怕一顿饭的短时间里违背仁德,即便是在仓促间也一定与仁德同在,即便是在颠沛流离中也一定与仁德同在。”

注释

①恶(wù):厌恶。②终食:一顿饭的时间,形容时间短暂。③造次:匆忙,仓促。④颠沛:流离失所。

导读

这条语录的意思是,仁德之人始终与仁德相伴,不会为了富贵放弃仁德,也不会为了抛弃贫贱而远离仁德。孔子不反对人们对富贵的追求,要求是以仁德得之。他说:“富而可求也,虽执鞭之士,吾亦为之。如不可求,从吾所好。”(《述而11》)又说:

“不义而富且贵，于我如浮云。”(《述而15》)这些语录的终极指向——不管是求得富贵还是抛却贫贱，都是以合符仁德为原则。

16. 子曰：“巧言令色，鲜矣仁。”(《学而3》《阳货17》)

译文

孔子说：“花言巧语，外貌和善，以讨好人的这种人，少有仁德。”

导读

孔子喜欢的是刚毅木讷之人，他认为不善言辞的质朴之人，最接近仁德。木，呆头呆脑的样子，与“令色”相反；讷，说话迟钝的样子，与“巧言”相反。他对貌似和善，却又以花言巧语讨好别人的小人最是厌恶。同样的句子，在《论语》里出现了两次。

四、孝道

1. 子曰：“弟子①入则孝，出则弟②，谨而信，泛爱众，而亲仁。行有余力，则以学文。”(《学而6》)

译文

孔子说：“年轻的子弟在家要孝顺父母，出门要尊敬长辈。应该谨慎说话，讲究信用，博爱民众，亲近仁德之人。践行之后还有剩余力量，就再去学习文化。”

注释

①弟子：指族中年轻的晚辈。②弟：同“悌”，尊敬兄长，这里泛指尊敬长辈。

导读

短短一句话，囊括了一个后生晚辈在家、在社会所应该践行的各种品行。其中孝是第一位的。由在家对父母的孝,可推至出门对长辈的敬。然后是慎言、诚信,博爱民众,亲近仁德之人。六个层次的品行,由内而外极其自然。而这些都是由"仁爱"这一核心所派生出来的,亲近仁德是进一步修炼并提升自己的仁爱之心,所有这些都是内在道德的要求。道德好了,还有余力,干什么?还是进一步提升自己,要学习文化、礼乐知识。道德是"质",文化是"文","文质"应该相辅相成。所以,道德修养提高后,还要提高文化修养。提高文化修养的目的,仍然是为了道德品行的实践,最终仍是为了提升道德修养。正如屈原在《离骚》中所说:"纷吾既有此内美兮,又重之以修能。扈江离与辟芷兮,纫秋兰以为佩。"

这些品行是一个人一生的行事准则。清康熙年间的秀才李毓秀(字子潜,号采三)就是以"弟子入则孝,出则弟,谨而信,泛爱众,而亲仁。行有余力,则以学文"的文义,以三字一句、两句一韵编纂而成《训蒙文》。具体列述弟子在家、外出、待人、接物与学习上应该恪守的规范。清朝贾存仁(字木斋)修订改编《训蒙文》,并改名为《弟子规》。《弟子规》是根据《论语》等经典编写而成,是接受伦理道德教育,养成有德有才之人的较好读物。今天一些企业建立企业文化,往往也从学习《弟子规》入手,可见传统文化影响之大。

2. 子曰:"父在,观其①志;父没,观其行;三年无改于父之道,可谓孝矣。"(《学而11》)

译文

孔子说:"父亲活着时,观察他的志向。父亲死了,考察他的行为。如果三年守丧都不改变父亲传下来的正道的话,就可以算是孝了。"

注释

①其:指代儿子。

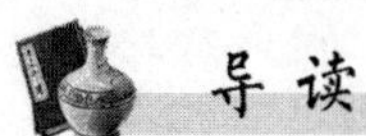

导读

孔子认为对孩子的考察要分两个阶段:父亲活着的时候和父亲去世以后。活着的时候主要考察其理想、志向、意念。因为在过去的社会,父亲在世,只能听父亲的,只能想,不能干。父亲去世以后的考察,则主要看其行事,即干的事。假如在服丧守孝三年间，能不改变父亲传下来的道义，就是对父亲的孝了。

3. 子游[1]问孝。子曰："今之孝者，是谓能养。至于犬马，皆能有养；不敬，何以别乎？"(《为政7》)

译 文

子游请教孔子关于孝道的问题。孔子说："现在所谓的孝，似乎是指能赡养父母而已。事实是人们连狗、马也能饲养；假如对父母不敬重、孝顺，那赡养父母与饲养狗、马怎么能区别开来呢？"

注 释

①子游(前506—?)：姓言，名偃，字子游，亦称言游，春秋末吴国人，与子夏、子张齐名，熟悉文献辞令。

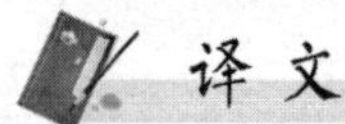

导 读

孔子强调孝道除了"养"，还要"敬"，这才是真正的孝。也就是说，除了养老，更重要的是还要敬老。否则，赡养父母也就与饲养狗、马无异了。

4. 子曰："父母在，不远游，游必有方[1]。"(《里仁19》)

译 文

孔子说："父母在世时，不出门远游。如果要远游，必须要有一定的去处。"

注 释

①方：方向，去处。

导 读

孔子这里讲的还是对父母要尽孝。远游，或是游学，或是宦游，或是远方谋职打

工。古代交通不便,音信难通,一旦父母急切有事,很难召之即来,有时甚至不知儿女远游何处,无法召唤,容易造成终天之憾。孝子想到这些,便不会远游,即便远游也要有确切去处,以便父母知晓,不至于悬心,造成“儿行千里母担忧”。

当代交通迅捷,通信发达,自然已不存在这类问题。虽远而不远,咫尺天涯已成为事实。其实孔子所说的重点不在于是否远游,而在于不使父母过分思念,不让父母常生焦虑与担心。所以今日远游的游子应常回家看看,常打电话问候。以此培育儿女对父母的爱心、孝心。从这个意义上来说,孔子的话仍然没有过时,青年人仍然要继承这一传统美德。

5. 孟懿子[①]问孝。子曰:“无违。”樊迟御,子告之曰:“孟孙问孝于我,我对曰‘无违’。”樊迟曰:“何谓也?”子曰:“生,事之以礼;死,葬之以礼,祭之以礼。”(《为政5》)

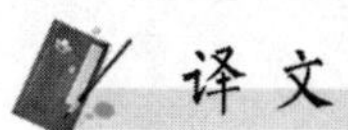

译文

孟懿子请教孝道。孔子说:“不要违背礼节。”樊迟为孔子驾车时,孔子告诉他说:“孟孙向我请教孝道,我回答说:‘不要违背礼节。’”樊迟说:“是什么意思呢?”孔子说:“父母活着的时候,按礼节侍奉他们;死了按礼节安葬他们,按礼节祭祀他们。”

注释

①孟懿子:鲁国大夫,姓姬,名何忌,谥号“懿”。

导读

孔子在这里用“无违”来阐释孝,“无违”本意是指不违父母之言,不逆父母之志。这实际上就是孝顺。孔子进一步阐释“无违”,就是以“礼”事父母。“礼”是人们内在的“仁”的外化,表现为一定的礼节内容、礼仪样式。儿女对父母的孝,就是父母活着时,按礼节孝顺他们,死了按礼节安葬他们,祭祀他们。

6. 子曰:“父母之年,不可不知也。一则以喜,一则以惧。”(《里仁21》)

译文

孔子说:“父母的年龄不可不知晓在心里。一方面因其高寿而喜悦,一方面因其年事已高而害怕。”

导读

父母都能记住子女的年龄,是因为父母有一颗眷眷之心。为人子女也应当将父母年龄记挂于心。我们一方面因父母年高长寿而高兴,另一方面因父母年高,来日无多,又生恐惧之心。那么,在有限的岁月里,我们当尽孝心,孝心即仁心,如同父母的慈爱之心一样也是仁心。

7.或谓孔子曰:“子奚不为政?”子曰:“《书》云:‘孝乎惟孝,友于兄弟,施于有政。’是亦为政,奚其为为政?”(《为政21》)

译文

有人问孔子说:“你为什么不从政啊?”孔子说:“《尚书》上说:‘孝敬父母,友爱兄弟,然后以此心去影响当政者。’这就是从政了,为什么一定要做官才算从政呢?”

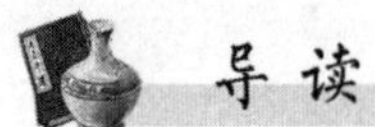

导读

儒家秉持的是修身、齐家、治国、平天下,主张将伦理用于政治。后世的孟子也说:“老吾老,以及人之老;幼吾幼,以及人之幼。天下可运于掌。《诗》云:‘刑于寡妻,至于兄弟,以御于家邦。’言举斯心加诸彼而已。”(《孟子·梁惠王上》)治理国家犹如管好一个家庭,当然可以用治理家庭的方式治理国家。孔子这次说的话,大概是其出仕前讲的。今天读这条语录,可以使人明白家庭道德建设具有政治意义。当然,家庭道德不可能代替政治。

8.有子[①]曰:“其为人也孝弟,而好犯上者,鲜矣;不好犯上,而好作乱者,未之有也。君子务本,本立而道生。孝弟也者,其为仁之本与!”

(《学而2》)

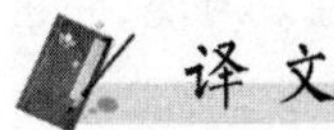

译文

有子说:"为人孝顺父母、敬爱兄长,却喜欢冒犯长辈、上级的,是少有的;不喜欢冒犯长辈、上级,却喜欢作乱造反的,从未有过。君子尽力于根本性工作,根本树立起来,正道自然也就生成了。孝顺父母、敬爱兄长大概就是'仁'道的根本吧。"

注释

①有子(前518—?):有若,字子有,春秋末鲁国人,孔子弟子中的"七十二贤"之一。曾提出"礼之用,和为贵"等学说。因其气质、形貌酷似孔子,孔子死后,深受孔门弟子敬重。《论语》中对孔子的学生多数称字,只有对曾参、有若、闵子骞、冉有四人称子。有若被称为子,与这种敬重不无关系。

导读

有若在这里肯定"孝弟"是人立身的根本。"孝"是子事父,"弟"(同"悌")是弟事兄。做到了这点,敢于无理冒犯长辈、上级的毕竟是极少数。如果没有犯上,就更加谈不上造反作乱了。所以,一个人有了孝悌之心,并认真、诚心地实施它,那他也就有了仁爱的根本。有若强调"孝"是稳定社会的基础。

五、礼

1. 不知礼,无以立也。(《尧曰3》)

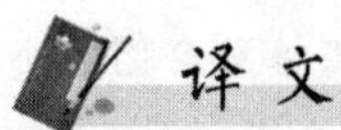

译文

不懂得礼,就无法在社会上立足。

导读

礼是什么?《礼记·曲礼上》说得好:"道德仁义,非礼不成。教训正俗,非礼不备。分争辨讼，非礼不决。君臣上下、父子兄弟，非礼不定。宦学事师，非礼不亲。班朝治军，莅官行法，非礼威严不行。祷祠祭祀，供给鬼神，非礼不诚不庄。”可见，礼在中国古代就是社会的典章制度和道德规范，礼的本质就是社会关系。在日常生活和社会生活中，常常作为一种理性的道德规范（背后其实是“仁”），通过人们的行为表现出来。懂礼，自可以此修身为君子，可以在社会上立足。

2. 子曰：“恭而无礼则劳，慎而无礼则葸[①]，勇而无礼则乱，直而无礼则绞[②]。君子笃于亲，则民兴于仁。故旧不遗，则民不偷[③]。”（《泰伯2》）

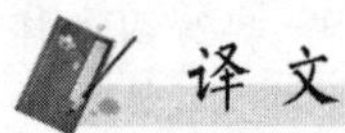

译文

孔子说：“恭敬却不知礼，就会疲倦不堪；谨慎却不知礼，就会畏缩懦弱；勇敢却不知礼，就会盲动出乱子；直率却不知礼，就会尖刻伤人。君子厚待自己的亲族，百姓就会趋向培养仁德。君子不抛弃自己的老朋友，百姓就不会对人薄情寡义。”

注释

①葸（xǐ）：畏缩，胆怯。②绞：尖刻，急切。③偷：薄情，浅薄。

导读

上一章，孔子认为没有礼，没有道德理性地规范，人就难以在社会上立足，谈的是礼在建立社会秩序上的重要性。这条语录重点在于说明——礼作为一种规范的节制性、中和性。此处的“无礼”并非是不懂礼，而是不懂得恰到好处地运用礼。比如：恭敬是美德，但一味打躬作揖，也会让人感到疲倦；谨慎是美德，但老是谨慎又会因胆小而裹足不前；勇敢是美德，如果没有礼的节制，则易陷于盲动；直率是美德，但过于直率，缺乏礼的调和，又容易伤人。可见，没有礼的节制调和，再好的美德也会变味。（参看李零《丧家狗——我读〈论语〉》）

3. 颜渊[①]问仁。子曰：“克己复礼[②]为仁。一日克己复礼，天下归[③]

仁焉。为仁由己,而由人乎哉?”颜渊曰:“请问其目。”子曰:“非礼勿视,非礼勿听,非礼勿言,非礼勿动。”颜渊曰:“回虽不敏,请事斯语矣。”(《颜渊1》)

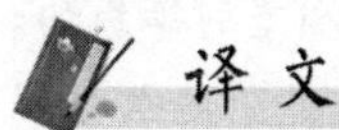

译文

颜渊请教什么是仁爱。孔子说:“约束自己而合于周礼就是仁爱。一旦约束自己而合于周礼,天下就会称许你是仁人。做仁爱的事在于自己,岂在乎他人啊?”颜渊说:“请让我问问为仁的具体内容。”孔子说:“不合礼的事别看,不合礼的话别听,不合礼的话别说,不合礼的事别做。”颜渊说:“我虽然不够聪慧,请让我按照这些话去做吧。”

注释

①颜渊(前521—前490):名回,字子渊。春秋末鲁国人。他在十四岁左右即拜孔子为师,在孔门诸弟子中,孔子对他称赞最多,不仅赞其“好学”,而且还以“仁人”相许。②复礼:指言行合于周礼。复,返。③归:称许,赞扬。

导读

孔子认为,能约束自己,并推己及人,一切言行合于礼,就是“仁”。这里,孔子提出践行“仁”的根本路径是“克己复礼”。“仁”虽然本于内心,但内心中也会滋生无限膨胀的世俗欲望,要使“仁”能全然展现,外显的言行必须合于礼。在社会人际关系里,合于礼的最具体的纲目是:不合礼的事别看,不合礼的话别听,不合礼的话别说,不合礼的事别做。

4.有子曰:“礼之用,和为贵。先王之道,斯为美,小大由之。有所不行,知和而和,不以礼节之,亦不可行也。”(《学而12》)

译文

有子说:“礼的施行,以和谐为贵。前代先王的治国之道,也以和谐为美,无论小事大事都依和谐原则而行。有种情况是行不通的,那就是只知一味地追求和谐,不懂得用礼来节制它,也是不行的。"

导读

礼的施行运用,之所以能带来和谐,是因为"礼"本身便是用来调和差别等级的。通过差别等级的多样统一,建立秩序。秩序贵在和谐。《荀子·乐论》说:"礼别异。"《礼记·乐记》:"礼者为异。"都说明了差别。如果过于强调差别,又会使人离心离德,造成社会的不和谐,所以差别是多样的统一,才会和谐,是"和而不同"。

但另一方面,如果一味和稀泥,为和谐而和谐,千篇一律,不用礼来节制它,肯定也不行,无差别了,"同而不和",最终还是不和谐。

5. 子曰:"周监①于二代,郁郁②乎文哉!吾从周。"(《八佾14》)

子曰:"夏礼,吾能言之,杞不足征也;殷礼,吾能言之,宋不足征也。文献③不足故也。足,则吾能征之矣。"(《八佾9》)

译文

孔子说:"周代的礼仪制度借鉴夏、商两代,是多么丰富而完美啊!我遵循周礼。"

孔子说:"夏代的礼仪制度,我能说出来,它的后代杞国不足以证明它;殷代的礼仪制度,我能说出来,它的后代宋国不足以证明它。这是因为两国的文献典籍和知礼的贤人不足够的缘故啊。如果有足够的文献,又有足够的贤人,那么我就能证明我的说法了。"

注释

①监:同"鉴",借鉴。②郁郁:盛美貌。③文献:这里指通晓历史掌故者。文,典籍;献,贤人。

导读

孔子博学多闻,夏商的礼仪制度他大致能说出来,而杞国(夏之后)、宋国(殷商之后)在当时礼坏乐崩,不足以为自己取证。而另一方面,古代的档案典籍资料不足,通晓历代掌故的贤人又少,也难以为自己取证,所以只能徒唤奈何。

但有一点孔子是敢断言的,就是周代的礼仪制度是借鉴夏、商的礼仪制度演进而来,且发展得非常完美。大概在他看来,夏、商的礼仪制度显得质朴、简陋,通过有所损益之后,周礼已经是"郁郁乎文哉"了,所以孔子言必称周礼,并要遵循周礼,复归周礼。

6. 子曰:"人而不仁,如礼何? 人而不仁,如乐何?"(《八佾3》)

子曰:"礼云礼云,玉帛云乎哉? 乐云乐云,钟鼓云乎哉?"(《阳货11》)

译文

孔子说:"人心如果没有仁爱,讲礼又有何用? 人心如果没有仁爱,讲乐又有何用?"

孔子说:"礼呀礼呀,难道只是贡玉献帛吗? 乐呀乐呀,难道就是敲钟击鼓吗?"

导读

这两章意思相近。主要是针对孔子时代礼坏乐崩而言。《论语·八佾》第一条就记叙说,按照周礼,天子可用八佾之舞(八人为一行称为一佾,八佾即六十四人之舞),诸侯六佾,大夫四佾,士二佾。当时鲁国权臣季氏只是大夫,最多只能用四佾之舞,他用八佾,是违礼僭越,所以孔子说:"是可忍也,孰不可忍也。"愤懑之情溢于言表。天子之礼,撤祭时,要唱《雍》诗(《诗经·周颂》的一篇):"相维辟公,天子穆穆。"主祭的是天子,相礼的是辟公(鲁侯享有),根本没有大夫的事。可是当时鲁国权臣孟孙氏、叔孙氏、季孙氏撤祭时唱《雍》诗,则是明知故犯。所以孔子说,这些人内心没有仁爱,讲礼又有何用,讲乐又有何用? 因为仁爱是礼乐的核心,礼乐是仁爱的外在表达。像季氏们没有仁爱之心,哪里配讲礼乐?

后一条语录则说明,礼乐的实质在于内心的"仁爱"情感,不在乎徒具外表的物质形式。礼并不是礼器、祭品,乐也并不只是钟鼓乐器。玉帛是古代礼仪最常用的礼物,钟鼓是古代礼仪场合最常用的演奏乐器。

六、中庸

1. 子曰:“中庸之为德也,其至矣乎!民鲜久矣。”(《雍也27》)

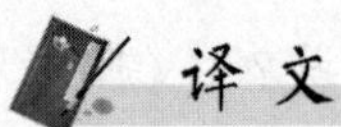

译文

孔子说:“‘中庸’作为一种道德,那是至高无上的了!民众缺少它却已经很久了。”

导读

庸,就是平常,就是正常;中是折中,是恰如其分、恰到好处、不偏不倚。中庸就是以中为用,取用其中的意思。孔子反对过分和不及。认为“过犹不及”(《先进15》)。主张“乐而不淫,哀而不伤”(《八佾20》),“允执其中”(《尧曰1》),“叩其两端而竭焉”(《子罕7》),要力戒片面,“不得中行而与之,必也狂狷乎”(《子路21》)。孔子说老百姓很久没有这种中庸道德了,大概是时代的礼坏乐崩使然,即使是老百姓也多走极端,多行片面了。

钱穆先生认为中庸之人乃平常之人,中庸之道即平常人所行之道。中庸之德,为平常之人所拥有,所以中庸之德乃民德,乃百姓日用之德,而孔子叹百姓久无此德,也是感叹风俗的衰败。(参看《论语新解》)

2. 子温而厉,威而不猛,恭而安。(《述而37》)

译文

孔子温和又严厉,威严却不凶猛,恭敬又安详。

导读

在孔门弟子眼里,主张中庸的孔子可谓内外兼修。不仅其内心秉持中庸之道,而且他的仪态也是恰到好处,都体现出中庸的特点。

3. 子贡问："师[①]与商[②]也孰贤？"子曰："师也过，商也不及。"曰："然则师愈与？"子曰："过犹不及。"（《先进15》）

译文

子贡问孔子："颛孙师与卜商哪一个更贤明？"孔子说："颛孙师聪明过头，卜商不足。"子贡又问："那么就是说颛孙师要强一些了？"孔子说："过分就如同不足，是一样的，都不好。"

注释

①师：颛孙师。②商：卜商（前507—？），字子夏，春秋末晋国人，一说卫国人，性格谦和，以"文学"著称。

导读

老师叫学生，可以直呼其名，这条语录便是。子张性格偏激，与子路相似，所以孔子说子张的性格有些过分。子夏学问好，却谦和，孔子认为他的毛病是不足。要融入社会，偏激与不足都不是中庸之道，所以孔子说"过犹不及"。

4. 子绝四：毋意，毋必，毋固，毋我。（《子罕4》）

译文

孔子杜绝了四种毛病：不乱揣测，不主观武断，不拘泥固执，不自以为是。

导读

这条语录也是讲孔子在弟子中的形象、感受。这四种毛病不是偏激、固执，就是凭空臆测，或唯我独尊，与中庸格格不入。孔子没有这些毛病，足见孔子在性格上、气质上、学养上的中庸修为。

5. 子曰："乡原[①]，德之贼也！"（《阳货13》）

译文

孔子说:“媚俗讨好、貌似忠厚的人实际上是窃据道德高位的贼子啊!”

注释

①乡原:一作“乡愿”。指一乡之中貌似忠厚,并以此假象取悦于人的好好先生。原,忠厚、朴实、善良貌,这里用贬义。

导读

儿童看小人书或者童话书,往往一眼就能辨别出哪个是好人哪个是坏人。因为坏人的表征太过明显:就是干坏事,说坏话,心里险恶、肮脏的人。而对乡原这种窃据道德高位的伪善之人,岂止儿童难以分辨,即便是成人也难以一时看破。原因在于他们戴着忠厚、朴实的面具,内心却是阴暗、肮脏的。所以孔子才会尤其讨厌这种人,因为他们欺骗性太大,无形中会让很多人受伤。“贼”就是对人造成伤害,“德之贼”不仅会造成人身伤害,更会造成心灵的伤害。

6. 子曰:“道听而涂[①]说,德之弃也!”(《阳货14》)

译文

孔子说:“听信道路传言,并四处传播,这是应该抛弃的不良品德啊!”

注释

①涂:通“途”。

导读

人都有猎奇的心理,喜欢传播一些小道消息可能也是人性的特点之一,但如果将没有证实的传言四处传播,就会谣言满天飞,肯定会有不少人被谣言中伤,给社会造成危害,使社会群体产生偏激心理,照样有违中庸之道。所以这实在也算得上是不良品德,需要抛弃。

当今社会，新媒体传播工具越来越迅捷，越来越多样化，微信、微博传播无时无处不在，网络“大V”影响面越来越广。如果道听途说，就很容易混淆人们的视听，让当事人受伤，影响社会的稳定。所以今天深思孔子的话，仍有深刻的现实意义。

7. 子曰：“奢则不孙①，俭则固②。与其不孙也，宁固。”(《述而35》)

译文

孔子说：“奢侈就会不谦逊，节俭就会固陋。与其不谦逊，宁肯固陋。”

注释

①孙：通“逊”。②固：固陋，固执。

导读

有一个成语叫“骄奢淫逸”，可见奢侈、奢靡易于使人骄傲、骄横。节俭又使人看不远、看不开，显得固执。两者都是毛病。两害相权取其轻，骄横跟固陋相比，明显前者危害更大。原因在于，后者只是自己内心的问题，不怎么影响他人。前者的骄横则往往会侵凌、欺侮他人。对于拥有公权力的人来说，更有甚者会影响、伤害到政权。“历览古今多少事，成由谦逊败由奢。”(陈毅《七古·手莫伸》)不可不提防。

8. 成事不说，遂事不谏，既往不咎。(《八佾21》)

译文

已经做成的事，就不要再说，已经终了的事，就不要再劝谏，已经过去的事，就不要再追究。

导读

三者意思相当，只不过侧重点不一样。不管是日常行为、社会生活，还是政治活动，一方面，既要看重历史经验，另一方面更要重视现在和未来。“既往不咎”，后来成为成语，足见这种自孔子以来的文化心理早已深入人心。

9. 无可无不可。(《微子8》)

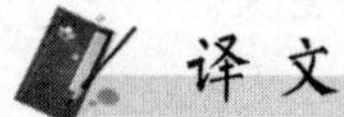

译文

没有什么可以的,也没有什么不可以的。

导读

这是孔子评价前代的隐逸高人(有的守志不屈,不辱其身;有的虽受委屈,却于节不亏;有的不论世事,却能干净处世)后,将自己与前代高人相比,得出对自我的评价:自己更灵活,可以这样,也可以那样。正如孟子所说,孔子"可以仕则仕,可以止则止,可以久则久,可以速则速"。(《孟子·公孙丑上》)

10. 子谓颜渊曰:"用之则行,舍之则藏,唯我与尔有是夫!"(《述而10》)

译文

孔子对颜渊说:"如果用自己,就一展抱负;如果不用自己,就藏身民间,大概只有我和你能够做到如此吧!"

导读

孔子"无可无不可"是形式上的中庸,这条语录则是在内容上的中庸,不以得喜,不以失悲,不怨天尤人,心态极佳。直接影响孟子说出:"穷则独善其身,达则兼善天下。"(《孟子·尽心上》)

11. 季文子[①]三思而后行。子闻之,曰:"再,斯可矣。"(《公冶长19》)

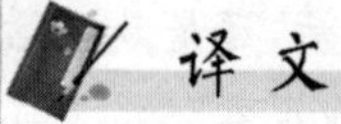

译文

季文子遇事思考多次然后再行事。孔子听说后,说:"思考两次便可以了。"

注释

①季文子(?—前568):春秋时期鲁国的正卿,姬姓,季孙氏,字行父,谥号“文”,史称“季文子”。平生行事计较过细,性格谨小慎微。

导读

孔子一生常常倡导谨言慎行,但他能根据实际情况进行变通,并不拘泥。这条语录仅仅是针对季文子而言。因为季文子平生行事无论祸福美善,计较过细,性格谨小慎微,所以孔子听说季文子每次决策都要多次思考后,认为“过犹不及”,指出思考两次就可以了。因为对谨小慎微的人来说,一味思考,犹疑不决,往往会丧失先机。

在生活中,有些事需要思谋多次,有些事思谋一两次即可。关键在于:一是看事情的复杂、简单与否;二是看自己是否有把握和自信。

七、立志与君子

1. 子曰:“朝闻道,夕死可矣。”(《里仁8》)

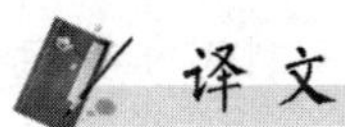

译文

孔子说:“早上领悟了道,晚上死了也值了。”

导读

这条语录很有名。而关于“道”,说法也颇多。有的说是“治道”,那就是治国平天下的政治理想;有的说是人生之道,人生必然死去,死又无法预知,所以急于求道,“未知生,焉知死”(《先进11》);有的说是学说、知识体系,如“笃信好学,守死善道”(《泰伯13》);有的说是客观规律,是常道,如“志于道,据于德,依于仁,游于艺”(《述而6》)。这真是应了《老子》的话:“道可道,非常道。”不管怎样,这“道”应该是我们人生追求路上,在观念上的一种理想状态,是一种规律性的常道。得到了这样一种道,当晚即便死去当然也值了。《浮士德》中的浮士德与魔鬼打赌,说只要让自己满足，灵魂便愿意让魔鬼捉去，便是一种急迫要证道、悟道的意识。当他最后得到满足时，说："你真美啊，请停留一下！"随声倒地死去。这实际上就是悟道了。当魔鬼要按照赌约捉拿其灵魂时，天使已经把他接引到了天堂。

2. 子曰："三军①可夺②帅也，匹夫③不可夺志也。"（《子罕25》）

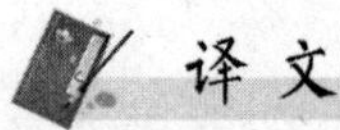

译文

孔子说："三军可以替换统帅，匹夫却不能更改志向。"

注释

①三军：周制，大的诸侯国可以拥有上中下三军或左中右三军。②夺：一般训释为夺取，夺走或擒获，其实不通。这条语录的"夺"应训释为"改变""替换"。《泰伯6》："曾子曰：'可以托六尺之孤，可以寄百里之命，临大节而不可夺也，君子人与？君子人也。'""临大节而不可夺"，就是临大节而不可变。《孙子·军争》篇："故三军可夺气，将军可夺心。"气是不可能被夺走的，心也是不可以被夺走的，这里的"夺"也应训释为"改变、改易或动摇"。《史记·屈原列传》："怀王使屈原造为宪令，屈平属草稿未定，上官大夫见而欲夺之，屈平不与。"有人将此句中的"夺"解释成"夺走""抢夺"。其实这里是上官大夫得知屈原起草宪令，想要更改一些对自己不利的内容，屈原没有同意，这里的"夺"，也是改变的意思。③匹夫：庶民，独夫，这里指个人。

导读

这条语录勉励为人不仅要有志向，而且不能轻易动摇自己的志向，强调要守志不移。正如俗话所说：无志之人常立志，有志之人立长志！

3. 子曰："岁寒，然后知松柏之后雕①也。"（《子罕27》）

译文

孔子说："一年到最寒冷的时候，然后才知道松柏是最后落叶的。"

注释

①雕:萎谢,凋谢。

导读

岁寒,指一年最冷的时候。松柏都是常绿的,并非不落叶,只是众树凋零后,它们才开始落叶,而且一边落叶,一边又有新叶长出,看似有落叶,但与其他树种落叶后光秃秃的景象不同,松柏仍然是郁郁葱葱的。

这条语录用的是比喻。岁寒,喻乱世,或喻艰难的环境;松柏喻君子。说明艰苦的环境尤能考验君子的意志。

4. 子曰:“德不孤,必有邻。”(《里仁25》)

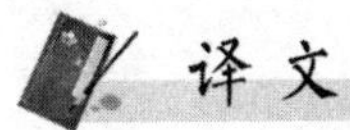

译文

孔子说:“有德的人不会孤单,一定有好邻居。”

导读

所谓物以类聚,人以群分,同声相应,同气相求。有德之人,必有善邻。邻指志同道合的人。孔子评价学生宓子贱说:“君子哉若人!鲁无君子者,斯焉取斯?”(《公冶长2》)意思是说:此人真是君子啊!如果鲁国没有仁人君子,他从哪里学来这些仁德呢?而孔子说的“里仁为美”(《里仁1》)则从另一个角度阐释了这一点:居处为仁德之人,必有助于仁德之修养与提高。

5. 子谓子夏曰:“女为君子儒,无为小人儒。”(《雍也11》)

译文

孔子对子夏说:“你要成为君子之儒,不要成为小人之儒。”

导读

这条语录谈学习的目的。

儒，在孔子创立儒家学派之前，本是一种职业。此职业靠教书、主持祭祀和“红白”喜事等礼仪为生。他们往往精通当地的风俗文化和礼仪习惯。后来，孔子广收弟子，以《诗》《书》《礼》《乐》《易》《春秋》为教学内容，传授、整理、精研古代典籍，开创儒家学派。这条语录的“儒”还应该当职业讲。在孔子看来，这一职业应向君子儒发展，特别是对于自己的学生来讲，这更是基本的要求。所谓君子儒，当是“精研典籍，注重修养，真正懂得礼学精义的人”（李零《丧家狗——我读〈论语〉》）。而小人儒则是秉承过去传统，以此谋生的人。朱熹《论语集注》引程子的话说：“君子儒为己，小人儒为人。”也说明了君子儒精研文化典籍是为了提升自己的道德修养，小人儒操持礼仪之事，也就是在人前秀一把而已。

孔子之所以这样教育子夏，或许是因为子夏有向小人儒发展的心理，所以孔子以此诫勉他。钱穆《论语新解》说：“子夏之学，或谨密有余，而宏大不足。”“孔子之戒子夏，盖逆知其所长，而预防其所短。”

6. 子曰：“君子坦荡荡，小人长戚戚。”（《述而36》）

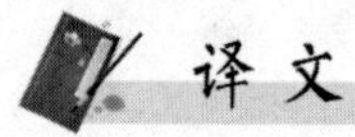

译文

孔子说：“君子胸怀平坦宽广，小人心中常常忧惧不安。”

导读

这条语录从精神状态上说出了君子与小人的区别。君子坦荡无私、宽广包容；小人汲汲于名利，患得患失，所以忧惧不安。《论语》中“小人”一词，主要指没有道德、没有理想的人。

7. 子曰：“君子周①而不比②，小人比而不周。”（《为政14》）

译文

孔子说：“君子团结、亲厚而不结党营私，小人结党营私而不团结、亲厚。”

注释

①周：忠信，人与人忠信，故亲厚。②比：勾结，指结成小宗派、小集团。

导读

这条语录谈人际关系以及由人际关系而组成的社会关系。实际上,周、比都有亲密、结合的意义。但两者对举,分别用于君子、小人,其情感意义则明显不同。孔安国注:“忠信为周,阿党为比。”王引之《经义述闻·卷三十一·通说上》说:“以义合者,周也,以利合者,比也。”君子为公为义而团结,所以亲厚、亲密,小人为私为利而结党,所以互相勾结利用。孔子还说过:“君子矜而不争,群而不党。”(《卫灵公21》)意思是说,君子庄重自持不与人争,合群团结不结党营私。

8. 子曰:“君子和而不同;小人同而不和。”(《子路23》)

译文

孔子说:“君子和谐但却不绝对同一;小人讲究同一却不和谐。”

导读

这条语录继续深化对人际关系、社会关系的看法。“和”在哲学层面,是多样的统一,是矛盾的统一;“同”在哲学层面,则是绝对的同一,是一致,是一律。而在社会人际关系层面,孔子强调在礼的规范下有差等的调和,因为“和”如五味的调和,一定要有各种调料才能调和滋味。又如八音的和谐,一定要用各种乐器把不同的音调配合起来,才能奏出和谐的乐曲。

所以社会人际关系应该让人保持自己的独立个性和特殊性,才会有社会人际关系的和谐。对于个体来说,君子与小人在这方面的行事也就有了区别。皇侃《论语义疏》在这方面的解释较为到位,他说:“君子和而不同:和,谓心不争也;不同,谓立志各异也。君子之人千万千万,其心和如一,而所习立之志业不同也。”“小人同而不和:小人为恶如一,故云同也,好斗争,故云不和也。”进一步说明,君子崇尚的是义,所以可以不同,小人崇尚的是利,所以往往不能和。

9. 子曰:“君子成人之美,不成人之恶。小人反是。”(《颜渊16》)

译文

孔子说:“君子成全别人的好事,不促成别人的坏事。小人正好和这相反。”

导读

这条语录讲的是君子与小人各自的为人处世态度。成全人的好事,方法是以正面褒扬为主,以促成正能量的迸发,玉成其事;成人之恶,则是对人进行负面攻击,导致负能量的传播,弄脏、弄臭他人。君子与小人的为人处世态度泾渭分明。

但现实社会却没有这么简单。往往是异常放大了成语的前半句,有时候我们为了他人的面子,会昧着良心赞扬人、讨好人。如各种场合的媚俗讨好,各种小说、影视评论、学术评论的一味赞扬(最后至多来一点瑕不掩瑜)。

我们应该领会格言的深意。君子是有德之人,成人之美当是成全有德人之美,或是成全人的有德之美,不促成别人的坏事,不助人为恶事,对不仁不义的恶事应该曝光于天下。否则,便是伪君子,真小人。

10. 子曰:"君子求诸己,小人求诸人。"(《卫灵公20》)

译文

孔子说:"君子要求自己,小人要求别人。"

导读

上一条语录讲为人处世对外该如何做,本条语录强调内在品德的修为。君子遇事首先应要求自己,行事要自己去完成,自己解决问题,管好自己,事后反省自己、修正自己、升华自己。孔子说:"君子义以为质,礼以行之,孙以出之,信以成之。"(《卫灵公17》)意思是君子要以"仁义"为原则,按礼实行它,谦逊地言说它,诚信地完成它。如果碰到不如意、不成功的事,君子更加要寻找自己的原因,发现自己的不足,提升自己,体谅、宽恕他人。而不能像小人那样,面对问题或遭遇困境时一味往外推卸责任,苛责别人,埋怨别人。

11. 在陈绝粮,从者病,莫能兴。子路愠见曰:"君子亦有穷乎?"子曰:"君子固穷,小人穷斯滥矣。"(《卫灵公1》)

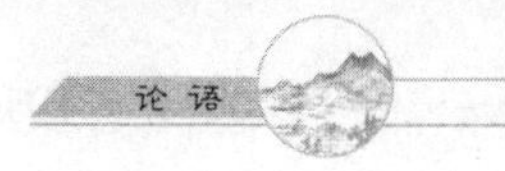

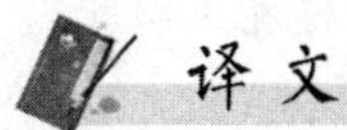

译文

孔子在陈国断了粮食。跟随的人都饿病了，全都无法振作起来。子路含怒去见孔子说："君子也有穷困没有办法的时候吗？"孔子说："君子穷困仍能固守道义，小人穷困就会胡作非为。"

导读

这条语录是说面对逆境，君子与小人的区别。孔子与弟子周游列国，经常面临窘境、困境。在陈国断粮，这是第三次了。还有两次，一次是在匡国被围困，见《子罕5》；一次是被宋国桓魋追杀，见《述而22》。《孔子家语·困誓》说这次断粮七日，只吃野菜充饥，学生都饿病了。断粮延续下去是会危及生命的，所以子路带着不满去见孔子。孔子便道出了君子与小人在面对逆境时的区别。

"君子固穷"历来有两种解释：一是"固"作固然讲，人生不可能事事顺心如意，总有逆境之时。君子不免于穷困，这是自然之事。二是"穷则益固"，虽然穷困，身处逆境，仍能坚守道义，有风度，保持气节。从下文对小人的评判来看，是内蕴此义的。小人则不同，一旦穷困，就会不满，由不满而生怨恨，乃至于歇斯底里，胡作非为。"滥"，水满自然溢出，这里是指行为越轨。小人的特点是受不得穷困，一穷困就有怨气，所谓"贫而无怨难，富而无骄易"（《宪问11》）。子路开始怨怒了，所以孔子以君子与小人之区别委婉地批评他。

12. 子曰："质[①]胜文[②]则野，文胜质则史[③]。文质彬彬，然后君子。"（《雍也16》）

译文

孔子说："质朴胜过文采就显得粗野，文采胜过质朴就显得华丽、虚浮。文采和质朴搭配得当，才称得上是君子。"

注释

①质：指人内在固有的仁德本质。②文：文饰，指礼乐等外在修养。③史：宗庙之

祝史或官廷之史官。这里指过于精巧与文雅,而导致的虚浮不实。《仪礼·聘礼》:“辞多则史,少则不达。”

导读

这条语录说的是君子应该内外兼修,中庸和谐。质与文是对立统一的关系,如果一味强调质,则会显得与野蛮人一样粗鄙、粗野;而一味强调文,又会本末倒置,丧失朴素的本质,显得虚华浮巧,缺少根本。一个真正的君子,应该既有朴素的仁德本质,又有恰到好处的礼乐文化修养,并能融和协调,使之相得益彰。屈原《离骚》说:“纷吾既有此内美兮,又重之以修能。扈江离与辟芷兮,纫秋兰以为佩。”便强调自己虽然有内在的美好品质,仍然重视外在的礼乐修养。那些香草香花的文饰与自己的内在美质相结合,不但不显得虚华,反倒成了高洁品德的象征。

13. 孔子曰:“君子有三戒:少之时,血气未定,戒之在色;及其壮也,血气方刚,戒之在斗;及其老也,血气既衰,戒之在得。”(《季氏7》)

译文

孔子说:“君子有三种戒备:少年的时候,精气尚不成熟稳定,要戒除迷恋女色;等到壮年的时候,精气正好旺盛刚烈,要戒除争斗不已;等到老年的时候,精气已经衰弱,要戒除贪得无厌。”

导读

这条语录从君子的对立面谈到君子人生应当警戒的三个问题:好色,好斗,好贪。这三个问题常常反映在人生三个不同年龄阶段:少年、壮年、老年。《淮南子·诠言训》也有类似的话:“凡人之性,少则猖狂,壮则强暴,老则好利。”程树德《论语集释》引前人的话说:“孔子不言养气,然三戒即养气之法,戒色则养其元气,戒斗则养其和气,戒得则养其正气。”养气就是修身,这是从君子的正面说明君子通过修身,在三个年龄阶段要拥有——元气、和气、正气。

14. 孔子曰:“君子有九思:视思明,听思聪,色思温,貌思恭,言思忠,事思敬,疑思问,忿思难,见得思义。”(《季氏10》)

译文

孔子说："君子有九件要考虑的事情：观察，要考虑是否看明白了；倾听，要考虑是否听清楚了；面色，要考虑是否温和；仪表，要考虑是否恭顺；说话，要考虑是否诚实；办事，要考虑是否谨慎；有疑，要考虑如何请教；发怒，要考虑会有什么恶果；看到可得的利益，要考虑是否符合道义。"

导读

孔子这里所谈的九件事，涵盖了言行举止、为人处世、待人接物、礼仪修为等各个方面，是对君子立身社会和正确处理人际关系的具体要求。其思考，由外而内，由静而动，由言行而至道义，包括个人道德修养的各方面，可以说是非常具体的生活规范。

15. 子曰："君子道者三，我无能焉：仁者不忧，知[①]者不惑，勇者不惧。"子贡曰："夫子自道[②]也！"（《宪问30》）

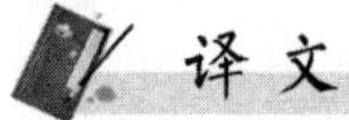

译文

孔子说："君子的风范表现在三个方面，而我没有能力做到：仁德的人不忧虑，智慧的人不迷惑，勇敢的人不惧怕。"子贡说："这正是先生说自己啊！"

注释

①知：通"智"。②自道：说自己。宾语置于动词前。

导读

这条语录说君子的内在品德有三个层次的内容：一是仁德，所以不忧虑；二是智慧，所以不困惑；三是勇敢，所以不害怕。可见古人对君子的内在要求是很高的，因此，君子达其一生，都要时时修炼自己，提升自己的内在品德。

16. 子曰："君子病无能焉，不病人之不己知也。"（《卫灵公18》）

译文

孔子说:“君子只怕自己没能耐,不怕别人不了解自己。”

导读

这条语录字面上很好懂,似乎也没有什么深意。其实不然,实际上孔子强调的是君子修身进德的问题。所谓“古之学者为己,今之学者为人”(《宪问25》)。道德学问,在于不断砥砺切磋,在于自己内心的升华与精进。孔子说:“人不知而不愠,不亦君子乎?”(《学而1》)“不患人之不己知,患不知人也。”(《学而16》)一前一后,前者强调不为人知而不恼怒者,也是君子的一种内涵;后者强调不要害怕不为人所知,该害怕的是不了解别人。其背后实际均强调问学、修身、进德,不在于显亲扬名,可谓首尾呼应。孔子还说:“不患无位,患所以立;不患莫己知,求为可知也。”(《里仁14》)意思是说:不要担心没有职位,要担心没有立身的根基;不怕没有人知道自己,应追求值得别人知道的价值。这种价值便是德才兼备。所以为学修德,应考虑自己是否有提升,不必在乎他人是否知道自己。要知道民谚有云:是金子总会发光。

17. 子曰:“君子欲讷于言,而敏于行。”(《里仁24》)

译文

孔子说:“君子应该说话谨慎、迟钝,但做事要勤快、敏捷。”

导读

本条语录谈的是说与做的关系。孔子是实践派,重视实践、重视行动,而要求慎言。如果说了却做不到,就言行不一了,这是孔子所反对的。孔子讨厌花言巧语的人,认为“巧言令色,鲜矣仁”(《学而3》)。如果说的比唱的还好听,但却做不好或者甚至不做,那这个人在品德上是有问题的。

在《论语》一书中,除了这条语录之外,弟子还记述了孔子在不同场合就“言说”问题提出的看法,且是惊人的一致。如“敏于事而慎于言”(《学而14》),“仁者,其言也讱”(《颜渊3》,讱,出言缓慢、谨慎),“先行其言,而后从之”(《为政13》)。

18. 子曰:“君子耻其言而过其行。”(《宪问29》)

译文

孔子说:“君子以说得多、做得少为羞耻。”

导读

本条语录也是谈说与做的关系。孔子主张多做、慎说、少说,不要说的比做的多。这里更偏重语言与行为的关系。行动胜过一切,话再多也没用。本条语录与“古者言之不出,耻躬之不逮也”(《里仁22》)语义相同。古人不轻易把话说出来,就怕行动赶不上。

19. 子曰:“君子食无求饱,居无求安,敏于事而慎于言,就①有道而正②焉,可谓好学也已。”(《学而14》)

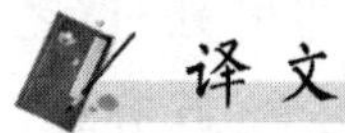

译文

孔子说:“君子饮食不求饱足,居住不求安逸,做事勤敏,言语谨慎,接近有道德学问的人来匡正自己,这就可以说是好学了。”

注释

①就:靠近,接近。②正:匡正,矫正。

导读

在孔子看来,君子有一个特点,就是不怎么爱谈物质享受,但却特别重视进德修业,在物质与精神两者之间,君子更看重精神上的正能量:做事勤敏,言语谨慎,接近大德,内省修身。而饮食、居住等物质方面的追求则退而居次,并不汲汲以求。这方面的典范是好学的颜回。

20. 子贡曰:“君子之过也,如日月之食焉:过也,人皆见之;更也,人皆仰之。”(《子张21》)

译文

子贡说："君子的过错就如同日食月食那样：犯错，人人都能看见；一旦改正，人们还是仰望、尊重他。"

导读

在发生日食月食时，会遮蔽部分的月亮、太阳，好像被吃掉或受到侵蚀一样，让人看得明显真切，过后不久又会恢复如初。子贡所说的话就是一个形象比喻，认为君子不会文过饰非，而是勇于改错。人犯错，就像日食月食被侵蚀一样，易于看到。而改正错误就如同日食月食结束，日月又恢复原貌。人们仍然喜欢仰视太阳、月亮。人非圣贤，孰能无过，过而能改善莫大焉，这才是君子。小人则恰恰相反。

21. 陈司败①问："昭公②知礼乎？"孔子曰："知礼。"孔子退，揖巫马期③而进之，曰："吾闻君子不党，君子亦党乎？君取④于吴，为同姓，谓之吴孟子⑤。君而知礼，孰不知礼？"巫马期以告。子曰："丘也幸，苟有过，人必知之。"（《述而30》）

译文

陈司败问孔子："鲁昭公懂礼吗？"孔子说："懂礼。"孔子走了以后，陈司败向巫马期作揖，请他前进几步，说："我听说君子不偏袒，君子也有偏袒的吗？鲁昭公娶夫人于吴国，是同姓为婚，讳称其为吴孟子。如果鲁昭公也算知礼，那谁不知礼呢？"巫马期把这话告诉了孔子。孔子说："我孔丘真是幸运啊，假如有了过错，人们必然知道。"

注释

①陈司败：陈、楚等国将司寇称为司败；一说是人名，其人不详。②昭公：鲁襄公之子，春秋时期鲁国第二十四任国君，前541—前510年在位，昭是谥号。③巫马期：巫马施，姓巫马，名施，字子期，孔子学生。④取：通"娶"。鲁国是周公旦的后代，吴国是泰伯后代。两国同姓姬，都是太王之后。鲁昭公娶了吴国女子为妻。按古代礼制规定，同姓不婚，故鲁昭公违了礼。⑤吴孟子：当时国君夫人的称号，一般是生长之国

的国名,再加上本姓。鲁昭公夫人应该称为吴姬,因两人同姓,鲁君讳称其夫人为吴孟子。实际上在春秋时期,同姓不婚的古制已有所松动。

导读

君子应该公正无私,无所偏袒。在这个小故事中,以知礼著称的鲁昭公娶了吴国女子为妻,实际上违了礼。但孔子却说鲁昭公知礼,这在外人看来,孔子是明显的偏袒。所以孔子说,自己很幸运,一旦有错,人们必然知道,就有人指出来。

但话又说回来,春秋时期,同姓不婚的古制已不严格。鲁昭公娶吴国女子亦无须大责。而且,孔子认为礼有一条就是子为父讳、臣为君讳。孔子在这里说鲁君知礼,实际上就是臣为君讳。虽然他也认为陈司败的批评是对的,但他还是故意这样讲,为尊者讳。

22. 子夏曰:“小人之过也必文。”(《子张8》)

子曰:“过而不改,是谓过矣。”(《卫灵公29》)

译文

子夏说:“小人犯错一定会文过饰非。”

孔子说:“犯错不改正,就是真正的犯错。”

导读

这两条语录要与第20条对照阅读。第20条说君子犯错时的正确态度,是过而能改,亦不失为君子。小人犯了错还要掩饰错误,在错的道路上越走越远,因而是真正的犯错。

23. 子贡曰:“君子亦有恶[①]乎?”子曰:“有恶。恶称人之恶者,恶居下流[②]而讪[③]上者,恶勇而无礼者,恶果敢而窒[④]者。”(《阳货24》)

译文

子贡说:“君子也有厌恶的人吗?”孔子说:“有厌恶的人。厌恶在别人面前宣扬别人坏处的人,厌恶居于下位却诽谤上位的人,厌恶勇猛却不懂得礼节的人,厌恶果敢却顽固执拗的人。"

注释

①恶(wù):厌恶。②流:衍文,当删。③讪(shàn):诽谤。④窒:固执不通。

导读

本条语录谈君子对小人或伪君子应该持有的态度:厌恶。君子修身进德,自然爱憎分明。孔子在另一处说:"唯仁者,能好人,能恶人。"(《里仁3》)君子有仁德之心,自然知道应该喜爱什么、厌恶什么。孔子在本条语录中指出的四类人,前二者完全是小人行径,后二者则有伪君子之嫌。

24. 子曰:"鄙夫[①]可与事君也与哉?其未得之也,患得之[②];既得之,患失之。苟患失之,无所不至矣。"(《阳货15》)

译文

孔子说:"见识浅陋的人,可与他一同侍奉君上吗?当他未得到时,害怕得不到;得到之后,又害怕失去。假如总是害怕失去什么,那就会什么事都干得出来。"

注释

①鄙夫:从后文所指之"患得患失"来看,实与小人同类。②患得之:实是"患不得之"。

导读

世人对名利往往看得很重。未得到时,想得到,怕得不到;得到以后,又怕失去。有了这种"患得患失"的心理状态,人就会为"得失"不择手段干尽坏事,人的品质、人格自然就会堕落。孔子是从"小人"的角度来警醒君子,对于名利不能有太重的得失之心,否则就会丧失道德。如果从政的人丧失道德,什么坏事都干得出来,对社会危害就大了。

25. 孔子曰:"侍于君子有三愆[①]:言未及之而言,谓之躁;言及之而不言,谓之隐;未见颜色而言,谓之瞽。"(《季氏6》)

译文

孔子说:"陪奉君子时有三种不得体的过失:未到该说时就抢话说,叫作急躁;轮到该说时却不说,叫作隐瞒;未察言观色便贸然开口,叫作瞎了眼。"

注释

①愆(qiān):本意为过失,这里指说话时三种不得体的说话时机。

导读

本条语录告诫人们,与君子说话时机要把握恰当,避免三种不得体的说话时机,否则就容易造成沟通上的误会,或带来过失。人们应该做不失言的智者。类似的话孔子也曾说过:"可与言,而不与之言,失人;不可与言,而与之言,失言。知者不失人,亦不失言。"(《卫灵公7》)其他古书也有相同或相近的说法。古书类似说法如《荀子·劝学》:"未可与言而言谓之傲(躁),可与言而不言谓之隐,不观气色而言谓之瞽。"《盐铁论·孝养》:"言不及而言者,傲也。"

八、修养

1. 子曰:"性相近也,习相远也。"(《阳货2》)

子曰:"以约失之者,鲜矣。"(《里仁23》)

译文

孔子说:"人的天性都是相近的,只是后天的学习才导致人与人之间差距拉大。"

孔子说:"由于严格要求自己而导致过失的现象是很少见的。"

导读

这两条语录虽然不在同一章中，但于修养而言则有内在的联系。前者强调人与人之间的天性禀赋是相近的，之所以生活中差别大，是因为后天学习濡染之故。后者强调，人的修身养德在于严格约束自己，才会有所进益。如果能严格约束自己，出现过失的可能性自然极少。“约束”自然成为关键。人自恃才情，才会气傲，慢慢就会越来越放纵。如果能够约束自己，就会越来越规矩，因而会少有失误。比如“颜渊问仁”，孔子“克己”的回答，其内容就是一种约束：“子曰：‘克己复礼为仁。一日克己复礼，天下归仁焉。为仁由己，而由人乎哉？’颜渊曰：‘请问其目。’子曰：‘非礼勿视，非礼勿听，非礼勿言，非礼勿动。’”（《颜渊1》）

2. 子曰：“有德者，必有言①；有言者，不必有德。”（《宪问5》）

译文

孔子说：“有道德的人一定有善言，有善言的人不一定有道德。”

注释

①言：善言，有价值的言论，犹如今天的名言警句。

导读

孔子在本条语录中强调道德胜于名言，所以修德乃是第一要务。“大学之道在明明德，在亲民，在止于至善”（《大学》），便是最好的注脚。《左传·襄公二十四年》也说：“大上有立德，其次有立功，其次有立言。”将“立德”置于“立言”之前，儒家重视修养仁德的倾向不言自明。

3. 见义①不为，无勇也。（《为政24》）

译文

见到应该做的事却不做，是没有勇气的表现。

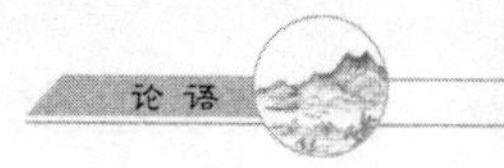

注释

①义：宜，应该做的事。

导读

我国有两个成语，一是“见义勇为”，即出自这里，应该做的事就要勇敢地去做，这是传播正能量。另一成语是“胆大妄为”，虽然够胆，但做的是“不义”之事，所以叫“妄为”，即胡作非为，这是传播负能量。

4. 子曰：“见贤思齐焉；见不贤而内自省也。”(《里仁17》)

孔子曰：“见善如不及，见不善如探汤。”(《季氏11》)

译文

孔子说：“见到贤德的人就设法向他看齐，见到无德的人就对照着自我反省。”

孔子说：“看见善良的人便急切追赶，好像赶不上似的；看到丑恶的人就设法避开，如同用手接触沸水一样赶快躲开。”

导读

这两条语录可以互相参看领悟。人生修养的要点在于向有德之人学习，向有德之人靠近，做有德之人所做之事。“见贤思齐”已成了一个耳熟能详的成语，并深入人心。实践确非易事，所以面对“不贤”，面对“不善”，首先要反省，弄清楚之后，就要避开。

5. 子曰：“不患人之不己知[①]，患不知人也。”(《学而16》)

子曰：“不患人之不己知，患其不能也。”(《宪问32》)

译文

孔子说：“不害怕别人不了解自己，害怕的是不了解别人。”

孔子说：“不害怕别人不了解自己，害怕的是自己没有能耐。”

注释

①不已知:不了解自己。宾语“己”前置。

导读

这两条语录与下一条可以互相参看领悟。讲的是如何正确对待自己的“闻达”问题。前者谈立身应当责己而不在责人,态度上应该“人不知而不愠”(《学而1》);后者直接责问自己是否有能耐,是闻达与否的重要原因,因为是金子总会发光,正与“君子病无能焉,不病人之不已知也”(《卫灵公18》)同。

6. 子曰:“人而无信,不知其可也。”(《为政22》)

译文

孔子说:“人要是没有信用,不知道他将如何立足于社会。”

导读

仁、义、礼、智、信,是人的道德修养的主要方面,“信”是在社会上对承诺的遵行和高度尊重,如果违背诚信,将难以立足于社会,走好自己的人生。

原文紧接着的一句比喻可以加深我们对“信”的理解:“大车无輗,小车无軏,其何以行之哉?”大车,指牛车;輗(ní),即大车辕端与横木相接的插销;小车,指马车;軏(yuè),小车辕端与横木相接的插销。无论是大车、小车,如果没有这类插销,横木就不能连接,车就无法行走,驾驭者也就无法驾驭。所以说:“何以行之哉?”将靠什么行车呢?人立足于社会的“信”就如同大车、小车的“輗”和“軏”,没有它们,就无法驾驭人生,无法立足于社会。

7. 子曰:“譬如为山,未成一篑①,止,吾止也。譬如平地,虽覆一篑,进,吾往也。”(《子罕18》)

子曰:“南人②有言曰:‘人而无恒,不可以作巫医。’善夫!”(《子路22》)

译文

孔子说："好比堆土成山，即使只差一筐土便成山了，如果停下来，也是自己主动停止的。好比平地堆山，即便只倒了一筐土，如果继续下去，便是我自己在向成功前进。"

孔子说："南方人有句话说：'人要是没有恒心，不可以作巫医。'这真是句良言啊！"

注释

①篑(kuì)：装土的竹筐。②南人：南方人。李零《丧家狗——我读〈论语〉》考证说："上博简和郭店简的《缁衣》都作'宋人'，很重要。宋在鲁的西南。所谓'南人'其实是宋人，宋是商人的后代。商人最热衷卜筮。"可以参考。

导读

两条语录讲的都是恒心的重要性，劝人自强不息，持之以恒，终将成功。半途而废，功亏一篑，必将一事无成。所以恒心也是人们修养的重要方面，且主动权和责任均在自己身上。朱熹《论语集注》解释得较为透彻："《书》曰：'为山九仞，功亏一篑。'夫子之言，盖出于此。言山成而但少一篑，其止者，吾自止耳。平地而方覆一篑，其进者，吾自往耳。盖学者自强不息，则积少成多；中道而止，则前功尽弃。其止其往，皆在我而不在人也。"

8. 子曰："躬自厚[①]而薄责于人，则远怨矣。"(《卫灵公 14》)

译文

孔子说："自己对自己严格要求，少责备别人，就可以远离怨恨。"

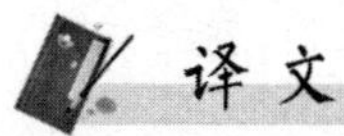

注释

①躬自厚：自己对自己多加责备。躬自，犹言自我。厚，厚责。因下文有"薄责"而省略了"责"字。

导读

一个道德高尚的人，总是能建立和谐的人际关系，受到周围的人尊重。其背后的原因在于道德高尚的人往往责人必先责己，严于律己，宽以待人。这里孔子提出的厚责自己、薄责他人的态度，是建立和谐人际关系、远离各种怨恨的重要前提。

9. 子曰："人无远虑，必有近忧。"（《卫灵公11》）

译文

孔子说："一个人如果没有长远的考虑，就一定会有眼前的忧患。"

导读

本条语录已成为"活"到现在的成语，言简而意赅。孔子在这里告诫人们要重视预谋、预防。远虑就是长远的预谋，用现在的话讲就是远期的规划。在生活中，我们常常看到，人生的忧患、困顿往往由前因造成。现在所面临的问题（忧患），是肇因于过去没有深思熟虑地预谋、策划；同样的，今天的作为如果未经长远的深思熟虑，未来亦会变成那时的忧患。

《荀子·大略》篇于此也有较好的阐述与发挥："先事虑事，先患虑患。先事虑事谓之接，接则事优成。先患虑患谓之豫，豫则祸不生。事至而后虑者谓之后，后则事不举。患至而后虑者谓之困，困则祸不可御。"

10. 子曰："巧言乱德。小不忍，则乱大谋。"（《卫灵公26》）

译文

孔子说："花言巧语败坏德行。小事上忍不住，便会坏了大事。"

导读

花言巧语，换一种说法包括天花乱坠似的吹牛、说空话、假话、大话、恭维的话。这些话听起来舒服、受用，却易于迷惑人，听的人容易入耳，容易中毒，容易败坏德行。

说的人没有德行,听的人的德行也被扰乱。帝王身边的佞臣,高官身边的小人,往往善于巧言,中巧言之毒的帝王和高官往往德行也跟着败坏下去。这样的例子不胜枚举。

“忍”就是要忍耐,要包容,要有肚量。如果一点点小事不能忍让,一点点小委屈不能忍耐,一点点小误会不能包容,往往就会扰乱大的部署、规划,败坏的就是大事。

11.子曰:“饭疏食,饮水,曲肱而枕之,乐亦在其中矣。不义而富且贵,于我如浮云。”(《述而15》)

子曰:“贤哉,回也!一箪[①]食,一瓢饮,在陋[②]巷,人不堪其忧,回也不改其乐。贤哉,回也!”(《雍也9》)

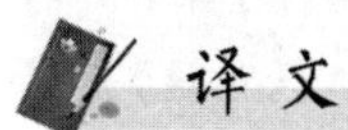

译文

孔子说:“吃粗粮,喝凉水,弯着胳膊作枕头,快乐就在其中啊。做不义之事得来的富足与尊荣,对我来说就像天上的浮云一样。”

孔子说:“颜回是多么贤德啊!吃一竹筒饭,喝一瓜瓢水,住在狭小的巷子里。别人往往忍受不了这样的困苦,颜回却不改变他本有的快乐。颜回是多么贤德啊!”

注释

①箪(dān):古代盛饭的圆形竹器。②陋:狭小,简略。

导读

因为有这两条语录,也就有了历史上著名的“孔颜乐处”。师生二人乐在何处?乐在心上,乐在精神。孔子并不反对富贵,他曾说:“富而可求也,虽执鞭之士,吾亦为之。如不可求,从吾所好。”(《述而11》)如果能求得富足,赶车这样的工作也行,至少是勤劳致富。如果不能够求得,还是追求精神快乐吧。君子不管在何种困顿境况之下,不是用正当的手段得到的富贵都不会去享受。在孔子看来,不道德、不义的富贵就像天上的浮云一样易于吹散,是过眼烟云,有修养的君子追求的人生意义在于“谋道”不“谋食”。

正因为孔子有如此胸襟和抱负,才对颜回安贫乐道大加赞扬。因为一般人是忍受不了困顿所造成的痛苦,颜回的“不改其乐”才尤为难得。

12. 子曰："饱食终日，无所用心，难矣哉！不有博弈[①]者乎？为之犹贤乎已。"（《阳货22》）

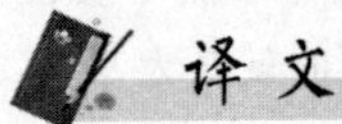

译文

孔子说："整天吃饱喝足无事干，心里什么事也不想，真难啊！不是有下棋一类的游戏吗？做做这些也比无所事事混日子强。"

注释

①博弈：古代两种棋艺。博，是六博，一种先掷采（类似于现在掷骰子）再下棋的游戏，战国秦汉间流行，有出土文物尹湾汉简《博局占》记有行棋路线。《论语》是最早记载这种棋艺的文献。弈，今之围棋。

导读

孔子这条语录是要求人们有所思，有所学，能做事，干成事。要求树立积极的人生态度，反对混吃混喝、饱食终日这种消极无聊的打发日子的生活方式。《孟子》一书说得更直截："人之有道也，饱食，暖衣，逸居而无教，则近于禽兽。"（《滕文公上》）

只是现在不少人过上温饱乃至小康的生活之后，却陷于赌博之中，无所事事。不知这是否领悟了圣人之教的真谛？

13. 子贡曰："贫而无谄[①]，富而无骄，何如？"子曰："可也。未若贫而乐，富而好礼者也。"子贡曰："《诗》[②]云：'如切如磋，如琢如磨。'[③]其斯之谓与？"子曰："赐也，始可与言《诗》已矣！告诸[④]往而知来者。"（《学而15》）

译文

子贡说："贫穷却不巴结、讨好别人，富足却不骄横傲慢，怎么样？"孔子说："可以啊。但比不上贫穷却坚守道义，富足却守护礼节。"子贡说："《诗经》里说：'就像加工骨、角、象牙、玉石一样，要精益求精。'讲的就是这个意思吧？"孔子说："子贡啊，可以

和你讨论《诗经》了，跟你讲了前面的内容，你就体会出了后面的道理。”

注释

①谄(chǎn)：奉承，巴结，讨好。②《诗》：汉以后称《诗经》。③如切如磋，如琢如磨：语出《诗经·卫风·淇奥》。《尔雅·释器》：“骨谓之切，象谓之磋，玉谓之琢，石谓之磨。”引申义是修养品德或钻研学问要仔细认真，精益求精。④诸：犹之。

导读

《史记·货殖列传》说“七十子之徒，赐最为饶益”，子贡可以说是最早致富的儒商之一，他最有资格谈贫富背后的修养和人格问题。在他看来贫穷不谄媚，富足不骄横就是有修养的了。但在孔子看来，对于君子来说，修养还可以进一层次：穷能守节持道，在根本上感受心的快乐；富能好礼善人，养护好自己的仁德本心。

14. 子曰：“放[①]于利而行，多怨。”(《里仁12》)

译文

孔子说：“依据利益而行动，必招致很多怨恨。”

注释

①放：仿，依照，依据。

导读

本条语录是从危害角度劝勉人们加强道德修养。世人多有人性弱点，行动时，往往看是否有利益，有利便做，无利便远离。如果人人讲利，以利为标准，唯利是图，就必然招致社会混乱，出现损人利己、损人不利己的事，社会就会生出许多怨恨，有时甚至包括逐利者自己也会因追逐的疲倦而心生怨恨。

相反，如果修养仁德，呈现人人为我、我为人人的现象，社会自然会越来越和谐。对于我们每一个个体来说，也如同孔子说的：“求仁而得仁，又何怨！”(《述而14》)“苟志于仁矣，无恶也。”(《里仁4》)

15. 曾子曰："吾日三省吾身：为人谋而不忠乎？与朋友交而不信乎？传不习乎？"(《学而4》)

译文

曾子说："我每天都要多次反省自己：替别人谋划事情是否尽心竭力呢？和朋友交往是否讲信用呢？老师传授的学业是否认真复习了呢？"

导读

曾子在本条语录中强调自身的修养。这种修养要从多角度、多层次去思考。如这里就特别突出了"忠""信""习"三方面的问题。另外，修养是自己的事，要善于从自身角度去分析探寻。实际上孔子尤其重视自身的修养，《宪问》提出"修己"，《颜渊》提出"克己"。朱熹《论语集注》说："曾子以此三者日省其身，有则改之，无则加勉。"

16. 曾子曰："士不可以不弘①毅②，任重而道远。仁以为己任③，不亦重乎？死而后已，不亦远乎？"(《泰伯7》)

译文

曾子说："士人不可以不宏大刚毅，因为肩负重任、路途遥远。以实现仁德于天下作为自己的责任，这难道不重大吗？到死才停止对仁德的追求，路途不是很遥远吗？"

注释

① 弘：宽广，宏大。②毅：刚毅。③任：负担，引申为责任。

导读

对于以"仁"为己任的士人来说，目的有二：其一是全天下都能实践仁德、仁爱；其二是个体修身到一定程度，自己也应是仁人君子，且需要终生修身。要实现天下归仁，担子重，路途远。士人要想不放弃，不中道而废，不功亏一篑，就必须具有宏大、刚毅的品质，才能坚持下去。

九、交友

1. 子曰："道不同，不相为谋。"(《卫灵公39》)

译 文

孔子说："走的道路不一样，就不必相互谋划。"

导 读

孔子认为交友的出发点是"道"，"同道"是选择朋友的重要原则。《论语》中的"道"有的说指道术、学术，有的说指射、御一类小道。其实这里的"同道"，是对"仁"的共同向往和追求。不同道，自然难以相处，更谈不上共同谋划。如同走路，路径不同，确实无法相与商量、谋划。古代典型的故事是《世说新语·德行》篇记载的《管宁割席》故事：管宁、华歆共同在园中锄菜。见地有片金，管宁挥锄不顾，华歆拾起后再掷去。又同席读书，有官员乘豪华车辆经过，管宁读书如故，华歆废书出观。管宁割开座席说："子非吾友也。"

今人多以此比喻意见、志趣、人生观不同的人难以共事。

2. 孔子曰："益者三友，损者三友。友直，友谅①，友多闻，益矣。友便辟②，友善柔③，友便佞④，损矣。"(《季氏4》)

译 文

孔子说："有益的朋友有三种，有害的朋友有三种。与正直的人交朋友，与诚信的人交朋友，与见闻广博的人交朋友，是有益的。同谄媚的人交朋友，同伪装友善的人交朋友，同花言巧语的人交朋友，是有害的。"

注 释

①谅：诚信。②便辟(pián pì)：逢迎谄媚。③善柔：令色，伪装和善。④便佞：巧

言，花言巧语。

导读

孔子在本条语录中提出了交友的标准，内容较为具体。与三种人交朋友有益：正直之人，诚信之人，见多识广之人；与三种人交朋友有害：谄媚之人，伪善之人，花言巧语之人。两相对照便可看出，前三者引人向善，后三者引人堕落。可见，益友便是君子，损友便是小人。这与孔子对仁德的向往是一致的。

孔子分别在《学而8》和《子罕24》里两次强调“无(毋)友不如己者”，从另一个侧面说明了交友选择标准的重要性。

3. 孔子曰：“益者三乐①，损者三乐。乐节礼乐，乐道人之善，乐多贤友，益矣。乐骄乐，乐佚游②，乐宴乐，损矣。”(《季氏5》)

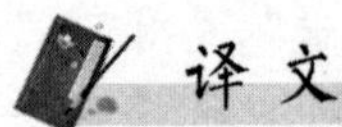

译文

孔子说：“有益的爱好有三种，有害的爱好也有三种。喜好以礼乐节制自己，喜好称赞别人的好处，喜好多交贤朋良友，是有益的。喜好骄纵放肆，喜好闲荡游逛，喜好吃喝玩乐，是有害的。”

注释

①乐：除“礼乐”之“乐”，读 yuè，其余“乐”读 lè。“骄乐”“宴乐”之“乐”可理解为快乐。两个“三乐”之“乐”，均指心有所爱好，可解为喜好。②佚游：佚通“逸”，游荡。

导读

如果一个人能以礼乐来调节自己的身心，喜好说别人的好处，自然易于广交朋友，见贤思齐，这已然是君子的修为。相反，如果身心都满足于纵情声色、骄纵放肆，闲荡游逛，吃喝玩乐，即便交到朋友也不过是酒肉朋友，而这些小人的作为，必会将自己引向堕落。

4. 子贡问友。子曰:“忠告①而善道②之。不可则止,毋自辱焉。”(《颜渊 23》)

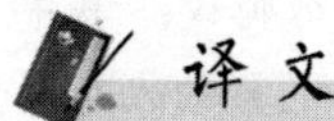

译文

子贡问如何对待朋友。孔子说:“忠心劝告他,并且好好引导他。如果不听从也就罢了,不要自取其辱。”

注释

①忠告:忠心劝告,以是非告之。②善道:善意地引导,好好地开导。道,通“导”。

导读

孔子的中庸之道无处不在,即便对待朋友也是如此,要求既忠于朋友,也要保全友谊。一是如果朋友有错,就要忠心劝导,善加引导。其次,如果朋友不听,就不要纠缠,要适可而止,否则自取其辱,反倒疏远了朋友。朱熹《四书集注》卷六:“友所以辅仁。故尽其心以告之,善其说以道之。然以义合者也。故不可则止,若以数而见疏,则自辱矣。”元代陈天祥《四书辨疑》:“朋友有过,固当尽心无隐,竭忠以告之,然其告之之际,须当心平气和,善其辞色以为言,不从则止,无得峻数,以取自辱也。”两人所说可以帮助我们进一步加深理解。

“曾子曰:‘君子以文会友,以友辅仁。’”(《颜渊 24》)君子用文章学问来结交志同道合的朋友,依靠朋友的帮助来培养自己的仁德。这条语录,正好前后呼应,朋友就是志同道合、志趣相投的人在一起彼此为友,同时,朋友之间又能够“忠告而善道之”,相互砥砺,以培养仁德,成就君子之修为。

5. 子曰:“主忠信,毋友不如己者。过则勿惮改。”(《子罕 24》)

译文

孔子说:“要以忠诚和信实两种道德为标准,不要与道德不如自己的人交朋友。错了,就不要怕改正。”

导读

本条语录与《学而8》后三句重出:"主忠信,无友不如己者。过则勿惮改。"其中"无友不如己者"众说纷纭,歧见较多。最主要的质疑是,如果都与比自己强的人交朋友,比自己强的人也这样想的话,那谁还能交上朋友呢?元陈天祥《四书辨疑》引苏轼的话说:"如必胜己而后友,则胜己者亦不与吾友矣。"

事实上,孔子的本意是交友应该远离缺乏仁德之人,所谓"益者三友"是也,所谓"见贤思齐"是也。刘宝楠《论语正义》阐释说:"不如己者即不仁之人,夫子不欲深斥,故只言不如己而已。"朱熹《论语集注》卷一也说:"友所以辅仁,不如己,则无益而有损。"

《说苑·杂言》记载了汉代一个传说:"丘死之后,商也日益,赐也日损。商也好与贤己者处,赐也好说(悦)不如己者。"商,就是子夏,他经常与比自己强的人交朋友,每天均有进步;赐,就是子贡,他经常与不如自己的人为伍,结果每天都有退步。可见,交友应与贤德之人为伍,要远离缺乏仁德的小人。

6.或曰:"以德报怨,何如?"子曰:"何以报德?以直报怨,以德报德。"(《宪问36》)

译文

有人说:"用恩德来回报怨恨,怎么样?"孔子说:"那用什么来回报恩德呢?应该是用公平、正直来回报怨恨,用恩德来回报恩德。"

导读

本条语录强调在人际交往中如何处理恩怨问题。孔子主张的是以德报德,以直报怨的中庸之道。因为以怨报怨,冤冤相报何时了,使人相互仇视,扰乱社会秩序;而以德报怨的话,如果怨恨尚可以德报之,则恰恰会成为取怨之道,扰乱人际关系。所以正确的做法是以德报德,以直报怨。对于恩德要心存感恩之心,对于怨恨要心存正直之心,因为正直是不受外界影响,内心不存贪、嗔、痴的真诚心。

《礼记·表记》说:"以德报德,则民有所劝;以怨报怨,则民有所惩。"又说:"以德报怨,则宽身之仁也;以怨报德,则刑戮之民也。"可与本条语录参照理解。皇侃《论语

义疏》曰:“所以不以德报怨者,若行怨而德报者,则天下皆行怨以要德报之,如此者,是取怨之道也。”这一解释应是符合孔子原意的。

7.子曰:“可与言,而不与之言,失人;不可与言,而与之言,失言。知者不失人,亦不失言。”(《卫灵公7》)

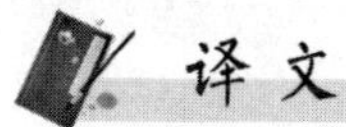

译文

孔子说:“可与他谈话,却没有与他谈话,就会失去朋友;不能与他谈话,却与他谈话,就会产生言语失误。智者是既不会失去朋友,也不会言语失误。”

导读

本条语录强调的是在人际交往中,言谈所应采取的中庸态度。智者要知道什么场合,什么时候,对什么人,应说什么样的话,不该说什么样的话,一切都要拿捏得恰到好处。即便是可以推心置腹的朋友,也不是无话不说,因此朋友的交往是要注意原则的。要做到既不失掉朋友,又不说不该说的话,就应该在不失原则的前提下,保有一颗真诚的心。

8.子贡问为仁。子曰:“工欲善其事,必先利其器。居是邦也,事其大夫之贤者,友其士之仁者。”(《卫灵公9》)

译文

子贡问如何修养仁德。孔子说:“工匠要把自己的工作做好,一定要先把他的工具磨得锋利。住在一个邦国,要侍奉邦国里大夫中的贤德之人,要结交邦国里士人中的仁德之人。”

导读

本条语录是孔子教育子贡修养仁德的办法。如同工匠要做好自己的工作首先要磨制好锋利的工具一样,修养仁德的办法就是敬奉贤者,结交仁人。因为与贤者、仁人在一起,自己也就有了学习的目标和榜样,耳濡目染,自己自然也会被仁德、贤能浸润,与仁德合为一体。

这实际上是孔子的因材施教。因为子贡常常喜欢结交不如自己的人,以显示自己特别有能耐。所以孔子针对子贡提出的修养仁德的问题,用了这么一个比喻,因势利导,并告诫子贡,修养仁德必须结交贤者、仁者,从而能得到朋友的帮助,则仁德修为庶几可成。

十、察人

1.子曰:“始吾于人也,听其言而信其行;今吾于人也,听其言而观其行。”(《公冶长9》)

译文

孔子说:“起初我对于人,听到他的话,就相信他的行为;如今我对于人,听到他的话,还得据此观察他的行为。”

导读

孔子在这里提出了一个考察人的原则:听其言而观其行。考察一个人如果仅仅从外貌言谈来看,往往会失之偏颇。俗话说:“知人知面不知心。”一个人的音容笑貌、言语谈吐容易判断,难就难在对人内在品质的认识上。外在的言语与内在的仁德并不具有必然联系。所以,识人不仅要听他说的话,更重要的是还要考察其行为,判断其言行是否一致。

这是孔子从实践中得出的识人经验。孔子有个学生名叫宰予,言辞美好,能说会道,说起话来娓娓动听,利口善辩。孔子起初很是喜欢。而事实上,宰予师从孔子不久,就暴露出了懒散无德的毛病。有一次,孔子讲课,宰予大白天却躲在屋里睡觉,气得孔子骂他是“朽木不可雕也”。这件事改变了孔子对识人的看法。过去考察一个人,只要听到了他说的话,就相信他的行为,而现在则强调,听到他的话,还得据此考察他的行为。正是宰予的表现,使孔子改变了识人的态度。

2. 不知言，无以知人也。(《尧曰3》)

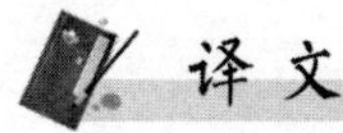
译文

不能分辨言语，就无法了解人。

导读

知言，就是善于分析、辨别人的言语，言为心声，通过人的语言可以了解一个人的邪正、是非，了解一个人的思想、情感，从而择善而交。如果不能辨析别人的言语，就无法了解人。

皇侃《论语义疏》："不知言，则不能赏言；不能赏言，则不能量彼；犹短绠不可测于深井，故无以知人也。"南宋朱熹《论语集注》曰："言之得失，可以知人之邪正。"这些阐释可以帮助我们更好地理解此句。

3. 子曰："君子不以言举人，不以人废言。"(《卫灵公22》)

译文

孔子说："君子不会凭人们的言辞来举荐人，也不会因为一个人品质不好而废弃他有价值的言论。"

导读

这里说的是德与言的辩证关系。就用人而言，有言者不必有德，所以不可因言举人，也不可因无德而废善言。也就是说，真正的君子不以言论重用人，也不以人废其言。这是从言语与仁德的关系角度来考察人。

4. 子曰："视其所以，观其所由，察①其所安②。人焉廋③哉？人焉廋哉？"(《为政10》)

译文

孔子说："考察一个人，看看他当前的作为，观察他过去的所有经历，考察他将安心做什么事。这人如何能掩盖其真面目呢？这人如何能掩盖其真面目呢？”

注释

①察：仔细看。视、观、察，都有看的意思，但有深浅程度的不同：一般看为“视”；大略看、粗看为“观”，是看全景；仔细看、深入看为“察”。②所安：乐于做、安心做的事情。《大学》：“知止而后有定，定而后能静，静而后能安。”③廋（sōu）：隐藏。

导读

本条语录是孔子教导人们全面考察人的方法。他认为对一个人的考察，既要看现在，也要看历史；既要看动机，也要看效果，要知根知底，彻头彻尾地全面了解。这样一来，伪善的面目就再也隐藏不住了。

语录与《大戴礼记·文王官人》篇“考其所为，观其所由，察其所安，以其前占其后，以其见占其隐，以其小占其大，此之谓视中也”句子相近，可以对读，并结合起来理解。

5. 子曰：“众恶之，必察焉；众好之，必察焉。”（《卫灵公27》）

译文

孔子说：“大家都讨厌他，一定要加以考察；大家都喜爱他，也一定要加以考察。”

导读

孔子在这里又告诉我们一个察人、识人的方法，就是要特别注重公众舆论，应该坚持是非标准，实事求是地仔细考察，不可简单地从众，瞎起哄。本条还可与《子路24》对照阅读，以加深理解。

6. 子曰：“群居终日，言不及义，好行小慧，难矣哉！”（《卫灵公16》）

译文

孔子说：“一群士人整天在一块，说话从不谈及道义，只是卖弄小聪明，难有所

成啊!”

导读

士人应行君子之道。如果我们看到一群所谓的读书人,成天只是卖弄小聪明,而不行道义,以此观察,我们就能判断这类人是难以成事的。在《阳货22》中,孔子说:“饱食终日,无所用心,难矣哉!”认为下棋也比这强。那条语录,与此相似,可参看。

7. 子曰:“人之过也,各于其党[①]。观过,斯知仁[②]矣。”(《里仁7》)

译文

孔子说:“人的过错,各有其所属的类型。考察某人所犯的过错,就可以知道那人是否具备仁德。”

注释

①党:类,类型。②知仁:了解是否具有仁德。《后汉书·吴祐传》引用作“人”。《汉书·外戚传》《南史·张裕传》皆引作“仁”。

导读

本条语录从人所犯的错误角度考察人是否具有仁德的本质,而不是通过观察优点来察人,可谓另辟新径,也很深刻。人都会犯错误,但不同类属的人所犯的错误性质不同,对待错误的态度也会不同。宋邢昺说:“言人之为过也,君子小人各于其类也。观人之过,使贤愚各当其所。”(《十三经注疏·里仁第四》)也就是说:从君子所犯的错误以及对待错误的态度,我们可以判定他不失为是有仁德本性的人;小人所犯的错误及其对待错误的态度,我们可以看出小人的不仁嘴脸。所以要想知道一个人是否具有仁德,要看其犯的错误属于哪一类,只有知道什么是“不仁”,才能知道什么是“仁”。

8. 曾子曰:“君子以文会友,以友辅仁。”(《颜渊24》)

译文

曾子说:"君子用文章学问来聚会朋友,靠朋友来辅助自身的仁德修养。"

导读

本条语录讲交友之道与交友的益处。从另一角度来说,也可以借此观察自身的修为,或朋友的真诚。"文如其人",文章学问,往往会反映一个人的情感意志、学问深浅。对于志同道合的人来说,往往易于引起共鸣,如朱熹说:"讲学以会友,则道益明。"(《论语集注》卷六)司马迁在《史记·孔子世家》中说:"余读孔氏书,想见其为人。"

"以友辅仁",对于益友而言,如果能善意地理解对方、善意地指出彼此的不足,坦诚地沟通交流,自然可以互相促进,使心性、仁德得到提升。所以"以文会友,以友辅仁",为仁德的修行提供了有利的环境和条件,起到了辅助性的作用。能做到这样,人也就不失为君子。

十一、从政

1. 子曰:"不在其位,不谋其政。"(《泰伯 14》《宪问 27》)

译文

孔子说:"不处在某一职位上,便不考虑它的政务。"

导读

不同的社会角色,应该有不同的职责,不在某一职位上,就不用考虑它的政务。不在其位而谋其政,就是僭越,就是违"礼"。历史上不在其位而谋其政的现象,往往演变成干政、乱政,产生了祸乱。

另一方面,这种心态也会产生消极的一面,如果百姓不关心政治,只是安分守礼,

也会产生不良的影响。

2. 子张问于孔子曰:“何如斯可以从政矣?”子曰:“尊五美,屏[①]四恶,斯可以从政矣。”子张曰:“何谓五美?”子曰:“君子惠而不费,劳而不怨,欲而不贪,泰[②]而不骄,威而不猛。”子张曰:“何谓惠而不费?”子曰:“因民之所利而利之,斯不亦惠而不费乎?择可劳而劳之,又谁怨?欲仁而得仁,又焉贪!君子无众寡,无小大,无敢慢,斯不亦泰而不骄乎?君子正其衣冠,尊其瞻视,俨然人望而畏之,斯不亦威而不猛乎?”子张曰:“何谓四恶?”子曰:“不教而杀谓之虐;不戒[③]视成[④]谓之暴;慢令致期[⑤]谓之贼;犹之与人也,出纳[⑥]之吝,谓之有司[⑦]。”(《尧曰2》)

译文

子张向孔子请教说:“怎么做就可以把政事办好?”孔子说:“推崇五美,摒弃四恶,就可以把政事办好。”子张问:“什么是五美?”孔子说:“君子给百姓好处却不用耗费,劳役百姓却使百姓不生怨恨,有欲望却不贪婪,安泰矜持却不骄傲自大,威严却不凶猛。”子张又问:“什么叫给百姓好处却不用耗费呢?”孔子说:“顺从百姓乐意干的事从而使他们获利,这不就是给百姓好处却不用耗费吗?选择可以劳役百姓的事情让百姓劳役,又有谁会怨恨呢?有求得仁德的欲望就得到了仁德,又哪里会有贪婪呢!无论人多人少,事大事小,君子都不怠慢,这不就是安泰矜持却不骄傲自大吗?君子衣冠端正,目光庄重,令人望而生畏,这不就做到了威严而不凶猛吗?”子张又问:“什么是四恶?”孔子说:“不教化百姓而只知杀戮,就是残虐;不加申诫却只要成绩,就是凶暴;开始时政令松懈,突然限期完成,就叫贼政;如同给人财物,出手吝啬,就叫小家子气。”

注释

①屏(bǐng):摒弃,除去。②泰:舒泰。③戒:申诫,警告。④视成:看到成绩,得到效果。⑤慢令致期:政令开始宽松,却又突然提出期限。⑥出纳:财物的付出与收入,这里是偏义复词,指付出,给予。⑦有司:机关管事的小吏,借指器量狭小,小家

子气。

孔子在这里详细阐述了自己的为政之道:反对虐民、暴民、害民的暴政,主张化民、赏民、惠民的德政。前“五美”讲的是德政,是要推崇的;后“四恶”,讲的是苛政,是要摒弃的。德政的核心是以“仁”为本,是爱民。

3. 子路问政。子曰:“先之①,劳之。”请益,曰:“无倦。”(《子路1》)

子路请教从政。孔子说:“先勤政做出表率取信于百姓,再使百姓勤劳。”子路请求孔子再多讲一些,孔子说:“不要懈怠。”

①之:指百姓。

导读

本条语录强调的是为政的路径:勤政,做表率,不知懈怠,有始有终,才能使百姓勤劳。

《礼记·月令》:“以教道民,必躬亲之。”《大戴礼·子张问入官》:“故躬行者,政之始也。”“欲政之速行也者,莫若以身先之也。”程树德《论语集释》说:“己先有此勤政之劳。然后以政勤劳其民,民虽劳而不怨也。”这些解释均可参看。

4. 仲弓①为季氏宰,问政。子曰:“先有司,赦小过,举贤才。”曰:“焉知贤才而举之?”子曰:“举尔所知。尔所不知,人其舍诸?”(《子路2》)

仲弓做季氏的家臣,向孔子询问政事。孔子说:“给下级办事员做表率,宽免别人

的小错误，提拔贤能的人才。”仲弓问：“怎样识别贤能人才并提拔他呢？”孔子回答说：“选拔你所了解的，那些你不了解的人，别人难道会把他们舍弃掉吗？”

注释

①仲弓：冉雍，春秋末鲁国人。字仲弓。人称“犁牛氏”。孔门“十哲”之一，冉雍在孔门弟子中以德行著称，孔子对其有“雍也可使南面”之誉。

导读

本条语录说的是在下属同僚面前如何从政。孔子为仲弓提出了三条为政路径：做下级官员的表率，原谅小过错，提拔贤能人才。这里特别反映了孔子“选贤任能”的为政理念。

关于“举尔所知。尔所不知，人其舍诸”三句，李零在《丧家狗——我读〈论语〉》中，将上博楚简《仲弓》篇与此比较阅读后认为，仲弓问怎样选才，孔子的回答是：“夫贤才不可掩也。举尔所知，尔所不知，人其舍之者。”从语法结构来看，是并列关系，不是反诘口吻，简本与通行本正好相反，它是说，只要是优秀人才，一个也不能淹没，你应该举荐你熟悉了解的，也应举荐你不熟悉的人，以及被别人忽略的人。

5. 子曰：“事君，敬其事而后其食。”（《卫灵公37》）

子路问事君。子曰：“勿欺也，而犯之。”（《宪问23》）

译文

孔子说：“侍奉国君，要恪尽职守，认真办事，而把俸禄放在后面。”

子路请教如何侍奉国君。孔子说：“不要欺骗他，但可以冒犯直谏。”

导读

这两条语录讲的是从政中如何侍奉君主（“君”宽泛地也可以说是上级）。孔子提出了几个原则：认真履职，不欺骗，犯言直谏，把俸禄放在后面。

君子无功不受禄，侍奉君主，就先要把事情办好，再谈俸禄的事。柳宗元《吊屈原文》也说:“食君之禄畏不厚兮,悼得位之不昌。”以及后世“食君之禄,忠君之事”“食君之禄,担君之忧”,都是对孔子这两条语录的继承与发扬。

不欺骗君主,又犯言直谏最难做到,但做到了就不失为忠臣。历史上最有名的当是魏徵。魏徵去世之后,唐太宗李世民觉得少了一面照见自己过失的镜子。后晋刘昫《旧唐书·卷七十一·列传第二十一》记载李世民:“尝临朝谓侍臣曰:‘夫以铜为镜,可以正衣冠;以古为镜,可以知兴替;以人为镜,可以明得失。朕常保此三镜,以防己过。今魏徵殂逝,遂亡一镜矣!’”

6.子贡问曰:“何如斯可谓之士矣?”子曰:“行己有耻,使于四方,不辱君命,可谓士矣。”曰:“敢问其次?”曰:“宗族称孝焉,乡党称弟①焉。”曰:“敢问其次?”曰:“言必信,行必果,硁硁②然小人哉!抑亦可以为次矣。”曰:“今之从政者何如?”子曰:“噫!斗筲③之人,何足算也!”(《子路20》)

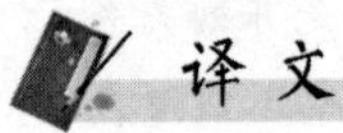

译文

子贡问:“什么样的人,才可以称得上是士?”孔子说:“要求自己行事保有羞耻之心,出使他国,不使君命受辱,这可以称得上是士了。”子贡问:“请问次一等的呢?”孔子说:“宗族的人称赞他孝顺父母,乡里人称赞他尊敬兄长。”子贡问:“请问再次一等的呢?”孔子说:“说话一定守信,做事一定果敢,不过是倔强固执的普通人罢了!不过也可以算得上再次一等的士了。”子贡又问:“现在从政的人怎么样?”孔子说:“哎,这些器量狭小的人哪里能算得上呢!”

注释

①弟:同“悌”,敬爱兄长。②硁硁(kēng):形容敲击石头的声音,引申为倔强、固执。③斗筲(shāo):斗和筲都是容量不大的容器,用来形容器量狭小。

导读

士,本来指读书习礼之人,春秋末年为知识分子的统称。这里指可以从政做官的人才。孔子实际上在这里提出了“士”从政的人才等级标准。真正可以称得上“士”的，是行事保有羞耻之心，能以羞耻之心来约束自己的人。有羞耻之心，就能砥砺德行，顾惜名节，不为无义之事。这实际上是对从政者“德”的要求。同时还要能做忠君之事，不辱君命（春秋天下纷乱，最重邦交，所以看重这种才能），这实际上是对从政者“能”的要求。换句话说，就是要德才兼备。这对今天选贤任能仍有实际意义。次一等的就是要具有孝悌之心，突出的是“德”。再次一等的是重诺守信又有点固执的人，强调的是“行”。而当时从政之人，只专注于一己私利，且器量狭小，根本算不上是“士”。

7. 长沮、桀溺①耦而耕②。孔子过之，使子路问津③焉。长沮曰：“夫执舆④者为谁？”子路曰：“为孔丘。”曰：“是鲁孔丘与？”曰：“是也。”曰：“是知津矣！”问于桀溺，桀溺曰：“子为谁？”曰：“为仲由。”曰：“是鲁孔丘之徒与？”对曰：“然。”曰：“滔滔⑤者天下皆是也，而谁以易⑥之？且而与其从辟人之士⑦也，岂若从辟世之士哉？”耰⑧而不辍。子路行以告，夫子怃然⑨曰：“鸟兽不可与同群，吾非斯人之徒⑩与而谁与？天下有道，丘不与易也。”（《微子6》）

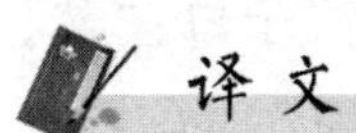

译文

长沮、桀溺并肩耕地。孔子经过那里，派子路向他们询问过河渡口的位置。长沮说：“那个拿着缰绳驾车的人是谁？”子路回答说：“是孔丘。”长沮又问：“是鲁国的孔丘吗？”子路回答说：“是的。”长沮说：“那他一定知道渡口了。”子路只好去问桀溺，桀溺说：“你是谁？”子路回答说：“我是仲由。”桀溺问：“是鲁国孔丘的门徒吗？”子路回答说：“是的。”桀溺说：“天下到处动乱不安，如同四处泛滥的洪水一样。你们能与谁一道改变它呢？况且，你与其跟着躲避坏人的有志之士，怎比得上跟随躲避尘世的隐士呢？”说完，仍旧不停地耕种。子路回来向孔子报告。孔子怅然若失地说：“我们既然不能与飞禽走兽合群共处，若不同人群打交道，又同什么打交道呢？假如天下清明太平，我孔丘就不会想到要改变它了。”

注释

①长沮（jù）、桀溺（nì）：春秋时隐士。②耦而耕：古代一种耕田方法，两人并肩用

耒耜翻土。③津:渡口。④执舆:坐在车上手执辔驾车。舆,车箱。⑤滔滔:洪水泛滥的样子,喻乱世。⑥谁以易:与谁易。易,改变。⑦辟人之士:指孔子。避开坏的当权者,去寻求好的当权者,以求实现德政主张。下文"辟世之士",是指逃避整个世俗社会的人。辟,通"避"。⑧耰(yōu):播种之后,再盖上土。⑨怃然:怅然若失的样子。⑩斯人之徒:世人。

导读

本条语录谈仕与隐的问题。子路与隐者的对答充满理趣,内涵丰富。周游天下寻求明君的孔子师徒找不到过河的渡口,派子路向两位隐者问路,结果遭到了隐者的挖苦讽刺:聪明的孔丘是应该知道天下的出路,是晓得渡口在哪里,怎么会因为迷路来问我们呢?与其跟着他周游天下受苦,倒不如隐居世外逍遥。隐者们认为天下大乱,不如隐居为上。实际上,隐者并不知孔子的苦心:孔子以天下为己任,正是因为天下黑暗无道,才要变易,推行德政,拯救百姓于水火之中。

8.佛肸①召,子欲往。子路曰:"昔者,由也闻诸夫子曰:'亲于其身为不善者,君子不入也。'佛肸以中牟畔,子之往也,如之何?"子曰:"然,有是言也。不曰坚乎?磨而不磷②;不曰白乎?涅③而不缁④。吾岂匏瓜⑤也哉?焉能系而不食!"(《阳货7》)

译文

佛肸召孔子到中牟,孔子想去。子路说:"过去,我听老师您说:'亲自做过坏事的人那里,君子是不去的。'佛肸盘踞在中牟反叛,您要前往,是为什么呢?"孔子说:"是的,有过这话。但是,不是说最坚固的东西,再磨也磨不薄吗?不是说最洁白的东西,再染也染不黑吗?我难道是葫芦吗?只挂在那里却不能食用!"

注释

①佛肸(bì xī):晋国大夫范氏的家臣,担任中牟宰。《史记·孔子世家》记载说,晋国执政大夫赵简子攻打范氏,并进军中牟。佛肸抵抗赵简子,反叛晋国。②磷:薄。

③涅(niè):染黑。④缁(zī):黑色。⑤匏(páo)瓜:葫芦的一种,对半剖开可做水瓢。

导读

犯上作乱的家臣召孔子从政,发生过两次。第一次是公山弗扰反叛鲁国季孙氏,第二次是佛肸盘据中牟反叛晋国范氏,两次都导致子路不高兴。如何理解孔子?前人看法不同,有人说孔子有虚伪的一面,这两件事影响了孔子的形象;也有人说孔子是出淤泥而不染,知道怎么保持自己的节操。

我们可以从孔子的辩解中去理解孔子的苦心。公山弗扰召见,孔子说:"如有用我者,吾其为东周乎!"(假如有人用我,我将使周文王与周武王之道在东方复兴。)佛肸召孔子,孔子说:"不曰坚乎?磨而不磷;不曰白乎?涅而不缁。吾岂匏瓜也哉?焉能系而不食!"前者的辩解,用朱熹的话来讲,是孔子欲行周道于东方(《论语集注》)。后者则说,我不能像葫芦一样只挂在那里无所用。有人用我,我亦能坚守德政之道,仁德之性,保持高洁的品德。可见,孔子的内心,还在时时刻刻想着推行自己的德政理念。

或许,也正如李零在《丧家狗——我读〈论语〉》中所理解的那样:"在一个没有好人的世界里,我们总想挑一个坏蛋当好人,就像一个无路可走的人,会拿任何一条路当出路。"这恐怕也是孔子的另一种知其不可而为之的入世行道的方式——但毕竟他没有实施,没能成行。

9. 子曰:"笃信好学,守死善道。危邦不入,乱邦不居。天下有道则见,无道则隐。邦有道,贫且贱焉,耻也。邦无道,富且贵焉,耻也。"(《泰伯13》)

子曰:"宁武子①,邦有道,则知;邦无道,则愚。其知可及也,其愚不可及也。"(《公冶长20》)

宪②问耻。子曰:"邦有道,穀③;邦无道,穀,耻也。"(《宪问1》)

子曰:"邦有道,危④言,危行;邦无道,危行,言孙⑤。"(《宪问4》)

子谓南容⑥:"邦有道,不废;邦无道,免于刑戮。"(《公冶长1》)

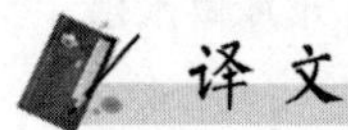

译文

孔子说："笃信不疑，勤奋好学，坚守大道。危险的国家不进入，动乱的国家不居留。天下清明太平，就出来从政为官，天下不清明不太平就隐居。国家政治清明，自己贫穷低贱，是耻辱；国家政治黑暗混乱，自己富裕尊贵，也是耻辱。"

孔子说："宁武子这个人，在国家政治清明时，就显得聪明机智，在国家黑暗混乱时，就装傻。他的聪明机智别人赶得上，而他的装傻别人是做不到的。"

原宪问什么是耻辱。孔子说："国家政治清明，可以做官领俸禄；国家黑暗混乱，做官领俸禄，就是耻辱。"

孔子说："国家政治清明，正直地说话，正直地做人；政治黑暗，正直地做人，谦逊地说话。"

孔子评价南容说："国家政治清明，他任官不会被废弃；国家政治黑暗，他能免遭刑罚。"

注释

①宁武子：卫国大夫，姓宁，名俞，谥武。②宪：原宪，字子思，孔门"七十二贤"之一，隐士，春秋末鲁国人（一说宋人）。原宪出身贫寒，个性狷介，一生安贫乐道，不肯与世俗合流。③穀：俸禄。④危：本义是高，这里是直意，正直。⑤孙：通"逊"。⑥南容：孔子学生，姓南宫，名适（kuò，一作"括"）。

导读

这些语录有相似性，所以放在一起参读。在处世上，君子既要有作为，更要有操守。政治清明时，固然要积极进取，政治黑暗时，也要谨言慎行，免于祸患。其中所谈及的对入仕与出仕的处理，为官与隐居时智与愚的转换，言与行的适度表达与体现，对自身秉性与天下大道的坚守等，均反映出孔子中庸与机变的处世态度。

10. 子曰："道不行，乘桴[①]浮于海。"（《公冶长6》）

子欲居九夷[②]。或曰："陋，如之何？"子曰："君子居之，何陋之有！"（《子罕13》）

译文

孔子说:“理想政治不能实现,我将乘坐竹筏漂流海外他国。”

孔子想移居九夷。有人说:“那里太简陋,怎么住呢?”孔子说:“君子住在那里,还有什么简陋的?”

注释

①桴(fú):用竹或木编的当船用的筏,小的叫桴,大的叫筏。②九夷:指东方的民族、部族。东方诸夷落后于中原先进文化。

导读

结合孔子生平,特别是孔子周游列国的碰壁经历,孔子有隐退思想也属正常。但不管是漂流海外还是移居九夷,其内心还是要推行教化之道,让鄙陋之地,因君子的到来而不再鄙陋。

十二、治国

1. 子曰:“为政以德①,譬如北辰②,居其所而众星共③之。”(《为政1》)

子曰:“道④之以政,齐⑤之以刑,民免⑥而无耻;道之以德,齐之以礼,有耻且格⑦。”(《为政3》)

译文

孔子说:“以道德来治理国家,就会像北极星一样,处在其应有的位置,众星都环绕着它。”

孔子说:“用政令来引导民众,以刑罚来整顿民众,民众就会设法逃避却没有羞耻之心;以道德来引导民众,用礼仪来规范民众,民众就会有羞耻之心而归服。”

注释

①为政以德:以德为政,用道德治理国家。②北辰:指北极星。《尔雅·释天》:"北极谓之北辰。"天球北极虚有其位,以北极星为标志,北辰即北极。③共:"拱"的本字,拱卫,环绕。④道:通"导",引导、诱导。⑤齐:整顿、整治。⑥免:逃逸,逃避。⑦格:至,来,引申为归服。

导读

以德治国,是孔子高举的治国大旗。前一条语录是总纲,用的是比喻,以北辰喻当政者,以众星喻民众。所以他说,以德治国,就像北极星被众星拱卫一样。

后一条语录,从比较的角度谈以德治国与以法治国的效果。《礼记·缁衣》有类似记载:"子曰:'夫民,教之以德,齐之以礼,则民有格心;教之以政,齐之以刑,则民有遁心。'"以德治国,以道德教化引导民众,以礼仪规范民众,民众有羞耻之心就会向善,自然归服。相反,以法治国,只知用政令来强迫民众,用刑罚来整治民众,民众就会钻政令与刑罚的空子,设法逃避,有这样的心理,羞耻之心肯定荡然无存。这两者的比较都很有道理,但可能并不全面,是以偏概全。

实际上以德治国也好,以法治国也好,可能都是一厢情愿的理想。人类社会的发展历史证明,两者各自为政,都不能解决问题。好的办法是以德治国与以法治国相结合。但这也要执政者与民众一道付出努力。任何事都难一蹴而就。

2. 子路曰:"卫君[①]待子而为政,子将奚先?"子曰:"必也正名[②]乎!"子路曰:"有是哉,子之迂也!奚其正?"子曰:"野哉,由也!君子于其所不知,盖阙[③]如也。名不正,则言不顺;言不顺,则事不成;事不成,则礼乐不兴;礼乐不兴,则刑罚不中;刑罚不中,则民无所措手足。故君子名之必可言也,言之必可行也。君子于其言,无所苟[④]而已矣!"(《子路3》)

译文

子路请教孔子说:"如果卫君等待您去施政治理国家,您将首先做什么呢?"孔子

说："一定要首先订正混乱的名分。"子路说："有这么做的必要吗？老师您也太迂腐了，何必订正名分呢？"孔子说："粗野啊，仲由！君子对于他所不了解的事情，采取存疑的态度就可以了。名分不订正，则说话不顺当；说话不顺当，事情就办不成；事情办不成，那么礼乐就无法兴起；礼乐不能兴起，那么刑罚就不能得当；刑罚不能得当，那么百姓就不知道手脚往哪放（不知怎么办）。所以君子的名分一定是可以顺当地说出来。能顺当说出来的一定是行得通的。君子对待自己的言行，是从不马虎的。"

注释

①卫君：一般认为是卫出公，名辄，卫灵公之孙。②名：名分，名称，名义。孔子时代礼坏乐崩，名分、名称均很混乱，需要重新订正，以便符合规范。③阙：存疑。④苟：马虎。

导读

本条语录通过师生二人的对话，孔子阐述了正名在治国中的重要性。正名应是以德治国的出发点。为什么需要订正名分？因为当时很多人不按名分办事，天子观赏的舞蹈，大夫却私自在自家的庭院里表演；天子祭祀时演唱的诗，大夫们祭祀时私自演唱；臣弑君，子抗父（卫出公就是这样），这类事层出不穷。孔子看在眼里，急在心中，所以，他将"正名"作为"为政"的首要工作。可见，孔子针对的正是当时礼坏乐崩、名分混乱的现实。宋杨氏说："名不当其实，则言不顺；言不顺，则无以考实而事不成。"（《论语集注》卷七）宋范氏说："事得其序之谓礼，物得其和之谓乐。事不成则无序而不和，故礼乐不兴，礼乐不兴，则施之政事皆失其道，故刑罚不中。"（《论语集注》卷七）

正名，一是正名分，二是正责任。今天，名分不正必然会导致职务不清晰，职务不清晰，就会导致"言不顺"；责任不正则会导致很多人无所事事，游手好闲。人在社会上都具有相应的角色，应遵守相应的规范，履行相应的职责和义务，这就叫名正言顺。

3. 子适[①]卫，冉有仆[②]。子曰："庶矣哉！"冉有曰："既庶[③]矣，又何加焉？"曰："富之。"曰："既富矣，又何加焉？"曰："教之。"（《子路9》）

译文

孔子到卫国去，冉有为他驾车。孔子说："人真多啊！"冉有说："人已经很多了，再应采取什么办法呢？"孔子回答说："让他们富裕起来。"冉有又问："已经富裕了，再应采取什么办法呢？"孔子回答说："教育感化他们。"

注释

①适：到，往。②仆：驾车。③庶：众多，指人口众多。

导读

本条语录阐述了孔子以德治国的三部曲：庶之，富之，教之。这是孔子教冉有以德治国的步骤和方法，然而却具有普遍意义。孔子认为，在人口得到增长之后，要做的就是使百姓富裕起来，富裕之后，就是进行礼仪教育，提高百姓的道德水平，让百姓有羞耻感，进而向善。三者是递进的关系，庶之、富之是基础，在此基础上一定要教化百姓，孔子最后还是归结为德政。

《管子·治国》篇说："凡治国之道，必先富民。民富则易治也，民贫则难治也。奚以知其然也？民富则安乡重家，安乡重家，则敬上畏罪，敬上畏罪则易治也。民贫则危乡轻家，危乡轻家则敢凌上犯禁，凌上犯禁则难治也。"可作"富之"注脚。

4.子贡问政。子曰："足食，足兵，民信之矣。"子贡曰："必不得已而去，于斯三者何先？"曰："去兵。"子贡曰："必不得已而去，于斯二者何先？"曰："去食。自古皆有死，民无信不立。"（《颜渊7》）

译文

子贡询问为政之道。孔子说："备足粮食，充实军备，取信于民，就可以了。"子贡继续问："如果迫不得已要有所舍弃，在这三者中，应当舍弃哪一个呢？"孔子说："舍弃军备。"子贡又问："如果迫不得已要有所舍弃，在余下二者中，应当舍弃哪一个呢？"孔子说："舍弃粮食。自古以来谁都难免一死，如果失去了百姓对政府的信任，国家也难

以立足。”

导读

本条语录强调施政取信于民的重要性，蕴含了富民、爱民、取信于民的德政理念。要如此施政，执政者就应具备相应的德行。当然，孔子的“去食”主张，似乎有些绝对化。东汉王充就在《论衡·问孔篇》中进行了较有说服力的批评：“使治国无食，民饿，弃礼义；礼义弃，信安所立？……‘让生于有余，争生于不足。’……夫去信存食，虽不欲信，信自生矣；去食存信，虽欲为信，信不立矣。”

5. 哀公[①]问于有若曰：“年饥，用不足，如之何？”有若对曰：“盍彻[②]乎？”曰：“二，吾犹不足，如之何其彻也？”对曰：“百姓足，君孰与不足？百姓不足，君孰与足？”（《颜渊9》）

译文

鲁哀公问有若说：“年成饥荒，国家用度不充足，怎么办？”有若回答说：“为什么不实行十分抽一的田赋方式呢？”鲁哀公说：“十分抽二，我还觉得不充足，怎么能实行十分抽一的田赋方式呢？”有若回答说：“如果百姓富足，您怎么会不富足？如果百姓不富足，您又怎会富足？”

注释

① 哀公（？—前468）：鲁哀公，春秋时承袭鲁定公，为鲁国第二十六任君主。公元前494—前468年在位。②彻：古代税率为十分之一的赋税制度。

导读

这里记载的是孔子弟子有若秉承孔子重民、爱民、富民的思想，规劝鲁哀公轻敛薄赋，要以百姓的富足为国家富足的根本。《说苑·政理篇》记载孔子有类似故事：“鲁哀公问政于孔子。对曰：‘政在使民富且寿。’哀公曰：‘何谓也？’孔子曰：‘薄赋敛，则民富，无事则远罪，远罪则民寿。’公曰：‘若是，则寡人贫矣。’孔子曰：‘《诗》云：

恺悌君子,民之父母。未见其子富而父母贫者也。'"

《中庸》记哀公问政,孔子也强调:"时使薄敛,所以劝百姓也。"意思略同。宋朱熹《论语集注》卷六:"民富则君不至独贫,民贫则君不能独富。有若深言君民一体之意,以止公之厚敛,为人上者所宜深念也。"其理解还是很到位的。

6. 定公[①]问:"君使臣,臣事君,如之何?"孔子对曰:"君使臣以礼,臣事君以忠。"(《八佾19》)

译文

鲁定公问:"君主使用臣子,臣子侍奉君主,各自应该怎样做?"孔子回答说:"君主要按礼的规范来使用臣子,臣子要用忠心来侍奉君主。"

注释

①定公:鲁定公,姓姬,名宋,承袭鲁昭公,为鲁国第二十五任君主。

导读

本条语录谈的是治国中的君臣关系。其实也是正名的一个方面。春秋礼坏乐崩,王纲废弛,社会呈现严重的政治危机。鲁定公时代,王室衰弱,大夫多失礼于君,出现了"事君尽礼,人以为谄"的怪现象(《八佾18》)。定公很忧虑,想知道怎样摆正君臣关系,于是向孔子请教。孔子从人伦关系之德性角度强调:君臣应各尽其职。从而实现两者关系的稳定与和谐。齐景公问政时,孔子说得就更明白:"齐景公问政于孔子,孔子对曰:'君君、臣臣、父父、子子。'公曰:'善哉!信如君不君、臣不臣、父不父、子不子,虽有粟,吾得而食诸?'"(《颜渊11》)

实质上,"君使臣以礼"是外在的约束,如果君权不听从礼,也会带来君臣关系的失衡;"臣事君以忠"则是内在的要求,如果内心生出仇怨,也会影响君臣关系的平衡。

7. 哀公问曰:"何为则民服?"孔子对曰:"举直错[①]诸枉[②],则民服;举枉错诸直,则民不服。"(《为政19》)

译文

鲁哀公问孔子:"如何做才能让百姓服从呢?"孔子回答说:"提拔正直的人居于邪曲之人的上位,百姓就会服从;提拔邪曲之人居于正直之人的上位,百姓就不会服从。"

注释

①错:通"措",放置。②枉:邪曲不正之人。

导读

本条语录论述治国的用人之道,为政者应该选贤任能,以正直压邪曲,方能顺应民心,使百姓服从。在实行人治社会的古代,这一点尤其重要。近贤人,远小人,也是治国的根本。但前提是君主要贤德,方能识得贤能与不肖、正直与邪曲。

8. 子曰:"其身正,不令而行;其身不正,虽令不从。"(《子路6》)

子曰:"苟正其身矣,于从政乎何有? 不能正其身,如正人何?"(《子路13》)

译文

孔子说:"为政者自身端正,不下命令百姓也会去做;为政者自身不端正,即使下命令,百姓也不会服从。"

孔子说:"如果自身端正了,对于为政来说又有什么困难的呢? 如果自身都不能端正,如何去端正别人呢?"

导读

两条语录意思近似,都强调自身端正、正直的重要性。自身端正了,百姓会服从,治国就并不是什么困难的事。相反,自身不端正,百姓就不会服从,治国就会遇到麻烦。孔子相似的表达还有:"政者,正也。子帅以正,孰敢不正?"(《颜渊17》)

9. 季康子[1]问政于孔子曰："如杀无道，以就有道，何如？"孔子对曰："子为政，焉用杀？子欲善而民善矣。君子之德，风；小人之德，草。草上之风，必偃[2]。"（《颜渊 19》）

季康子患盗，问于孔子。孔子对曰："苟子之不欲，虽赏之不窃。"（《颜渊 18》）

译文

季康子向孔子请教为政之道说："如果杀掉无德无才的坏人，来亲近有德有才的贤人，怎么样？"孔子回答说："您治理国家，为什么要杀戮呢？您想从善，那么百姓就自然从善了。君子的道德就像风一样，小人的道德好比是草，草上风吹来，一定随风倒。"

季康子因盗贼太多而烦恼，向孔子请教办法。孔子回答说："假如您对财物没有贪求，即使奖励他们盗窃，他们也不会干。"

注释

①季康子：季孙肥，春秋时期鲁国的正卿。事鲁哀公，位高权重，是当时鲁国的权臣。②偃（yǎn）：倒下。比喻被折服，被感化。

导读

两条语录都隐藏了上行下效的道理，同时明确地指出为政者应善政、清廉，戒贪欲、省刑罚。前一条语录要求为政者省刑罚，施善政。为国者从善，百姓自然从善，如风吹草偃。后一条语录，要求为政者清廉戒贪，上位者不贪，百姓自然会受感化不盗。春秋时代的事实是为政者喜用杀戮，治国者偏爱贪婪，以致风俗不纯，盗贼蜂起。问题虽在下面，根由实在上面。《汲家琐语》记载说："鲁国多盗，季康治之，获一人焉。诘之曰：'汝何以盗？'对曰：'子大夫为政不能不盗，何以诘吾盗？'"《左传·桓公二年》也说："国家之败，由官邪也，官之失德，宠赂章也。"这些论述足可以提供给治国者参考。

10. 子之武城①,闻弦歌之声②。夫子莞尔③而笑,曰:“割鸡焉用牛刀?”子游对曰:“昔者,偃也闻诸夫子曰:‘君子学道则爱人,小人学道则易使也。’”子曰:“二三子!偃之言是也。前言戏之耳!”(《阳货4》)

译文

孔子来到武城,听到弹奏琴瑟,唱诵《诗》的声音。孔子微微一笑,说:“杀鸡怎么能用宰牛的刀呢?”子游回答说:“过去,我曾从老师那里听到:‘君子学习礼乐之道就懂得爱人,小人学习礼乐之道就容易听从政令。’”孔子说:“各位啊!言偃的话是对的,我前面的话只不过是开玩笑罢了。”

注释

①武城:春秋时代鲁国城邑,在今山东费县西南。孔子学生言偃在这里任城宰。②弦歌之声:古人以《诗》配乐。这里指弹奏琴瑟,并歌唱《诗》,说明武城接受了礼乐诗歌的教化。③莞尔:微笑的样子。

导读

本条语录用戏言充分肯定了礼乐教化可以施行于任何地方、任何人,施政不仅要善政清廉,戒贪欲,省刑罚,更需要用礼乐来感化人、教育人。子游根据孔子的教诲,在武城小邑推行礼乐教化,到处可闻弦歌之声。孔子说:“割鸡焉用牛刀?”钱穆《论语新解》指出实有两层意思:一言治理小邑,何必用礼乐大道,其实深喜之(内心嘉许子游的做法);一言以子游之才而只用于武城小邑,则是深惜(子游大才,应用于治理天下)。由于子游没有深刻理会老师的话就辩解,所以孔子用开玩笑来自解,并正面肯定子游,同时以此教育其他学生。

11. 叶公①问政。子曰:“近者说②,远者来。”(《子路16》)

译文

叶公请教为政之道。孔子说:“使近处的人高兴,使远方的人归附。”

注释

①叶公：春秋时楚国大夫，名沈诸梁，字子高。因封地在叶，故称叶公。②说：通“悦”。

导读

如果治国者行德政，倡仁爱，以礼乐教民、爱民、富民，近处的人自然高兴，远方的人自然会归附。这里还是提倡德政理念。正如孔子在回答樊须问稼时所说：“上好礼，则民莫敢不敬；上好义，则民莫敢不服；上好信，则民莫敢不用情。夫如是，则四方之民，襁负其子而至矣，焉用稼？”（《子路4》）

12. 子夏为莒父[①]宰，问政。子曰：“无欲速，无见小利。欲速，则不达；见小利，则大事不成。”（《子路17》）

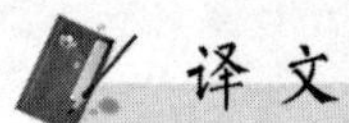

译文

子夏做莒父宰时问为政之道，孔子说：“不要图快，不要只见小利。图快，往往达不到目的；只见小利，就办不成大事。”

注释

①莒父（jǔ fǔ）：鲁国地名。

导读

子夏做莒父宰的时候，该城邑政令久废。子夏心里忧虑，急于求成，想出政绩，所以请教孔子施政办法。孔子洞若观火，看出了子夏的心思，就告诫他不要急于求成，不要贪求小利。要眼光远大，要为政以德，要富民、爱民。

孔子对子夏的告诫，虽是有针对性的个案，却具有普遍性的意义。联想当今某些父母官，动辄想出政绩，反复折腾，其结果是劳民伤财，民怨沸腾，真是因小失大，欲速不达。

13. 季氏[①]将伐颛臾[②]。冉有、季路见于孔子,曰:“季氏将有事于颛臾。”孔子曰:“求,无乃[③]尔是过与?夫颛臾,昔者先王以为东蒙主,且在邦域之中矣,是社稷之臣也。何以伐为?”冉有曰:“夫子欲之,吾二臣者,皆不欲也。”孔子曰:“求!周任[④]有言曰:‘陈力就列[⑤],不能者止。’危而不持,颠而不扶,则将焉用彼相矣?且尔言过矣!虎兕出于柙[⑥],龟玉毁于椟[⑦]中,是谁之过与?”冉有曰:“今夫颛臾,固而近于费[⑧]。今不取,后世必为子孙忧。”孔子曰:“求!君子疾夫舍曰欲之而必为之辞。丘也闻:有国有家者,不患寡而患不均,不患贫而患不安[⑨];盖均无贫,和无寡,安无倾。夫如是,故远人不服,则修文德以来之。既来之,则安之。今由与求也,相夫子,远人不服而不能来也,邦分崩离析,而不能守也,而谋动干戈于邦内,吾恐季孙之忧,不在颛臾,而在萧墙之内[⑩]也!”(《季氏1》)

译文

季氏将要攻打附庸国颛臾,冉有、季路拜见孔子说:“季氏将要对颛臾使用武力。”孔子说:“冉求啊,这难道不应该责备你吗?颛臾,过去先王曾经让它做东蒙山的主祭,况且其地就在鲁国的疆域之内,是国家的臣子,为什么要讨伐它呢?”

冉有说:“季氏要讨伐它,我们两个做臣子的都不想这样。”孔子说:“冉求啊!贤人周任曾说:‘能胜任就任职,不能胜任就辞职。’有了危险却不去救助,将要摔倒了,却不搀扶,那么那些辅佐之臣还能有什么用?况且你的话确实错了!老虎、犀牛从笼子里跑出来,龟壳、美玉毁坏在匣子里,这是谁的错呢?”

冉有说:“颛臾国,城墙坚固,而且离季氏的封邑费城很近。如果现在不攻取它,日后一定会给子孙留下忧患。”孔子说:“冉求!君子最痛恨那种不直接说想要做什么,却编一些托词的人。我孔丘听说:无论是有国的诸侯,还是有家的大夫,不忧虑贫穷,而是担心财富不均衡;不忧虑人口少,而是担心境内不安定。财富平均就不会有贫穷,和谐相处就不会觉得人口少,安全稳定就不会有倾覆的危险。如果做到这样,远方的人还不归附,就弘扬礼乐教化来感召他们,使之归附。他们归附了,就让他们安顿下来。现在你们辅佐季氏，远方的人，不能招致他们归附；国家就要分崩离析，你们却不能守护，反而谋划在邦国之内使用武力，我担心季氏的忧虑，不在附庸小国颛臾，而在鲁国的宫廷之内啊！”

注释

①季氏：季康子，鲁国专权的正卿。②颛臾(zhuān yú)：鲁国的附庸小国，在今山东费县西北。③无乃：大概、恐怕、难道。揣测之词。④周任：古代史官，有良史之称。⑤陈力就列：能施展自己的才能便就任职务。⑥柙(xiá)：关野兽的笼子。⑦椟(dú)：匣子。⑧费(bì)：季氏的封地。在今山东费县西南。⑨不患寡而患不均，不患贫而患不安：当作“不患贫而患不均，不患寡而患不安”。“贫”“均”是就财富而言，“寡”“安”是就百姓而言。⑩萧墙之内：萧墙，宫廷正大门内的照壁。古代“萧”“肃”相通，臣下觐见君主，至此便应肃然敬畏。故称萧(肃)墙。祸起萧墙，是指祸乱将起于宫廷之内。

导读

这是《论语》中为数不多可称为文章的语录。孔子抓住“季氏将伐颛臾”这一事件，对季氏欲使用武力的计划进行了驳斥，破中有立，有理有据，阐明了自己的德政主张：“故远人不服，则修文德以来之。既来之，则安之。”

孔子就季氏将伐颛臾这件事发表了三层议论。第一层说明了他反对季氏攻打颛臾的理由：一是“昔者先王以为东蒙主”，即颛臾在鲁国一向有名正言顺的政治地位；二是“且在邦域之中矣”，即颛臾的地理位置本就在鲁国境内，对鲁国一向不构成威胁；三是“是社稷之臣也”，意即颛臾素来谨守君臣关系，没有攻打的理由。孔子的话体现了他治国以礼、为政以德、正名定分的政治主张，反对强行霸道，诉诸武力。第二层孔子引用古代良史周任的名言“陈力就列，不能者止”，批评冉有、季路推卸责任的态度，季氏行不仁之政，辅佐之臣应该承担责任。第三层孔子正面阐述了他的政治主张，并再次批评冉有、季路没有起到以德辅政的作用。

十三、评历史人物

1. 子曰:“大哉!尧之为君也!巍巍乎!唯天为大,唯尧则①之。荡荡乎!民无能名焉。巍巍乎!其有成功②也!焕乎!其有文章③!”(《泰伯19》)

译文

孔子说:“伟大啊!尧作为君主!崇高啊!只有天是最高最大的,只有尧能效法天。广阔浩大啊!百姓们无法用语言称赞他。多么高大啊!他所取得的功绩。那么地焕发光彩啊!他制定的礼乐典章制度。”

注释

①则:效法,顺应。②成功:大功绩。③文章:礼乐等典章制度。

导读

尧是传说中的上古帝王,孔子对他很是崇拜。他赞美尧几乎用的是达到极点的敬佩推崇之语,但又并非空洞无物。第一句总起赞扬其伟大。后面从三个方面赞扬了他为什么伟大:一是能效法天(自然法则、自然规律);二是有大功于民众。《史记·五帝本纪》载:“尧立七十年得舜,二十年而老,令舜摄行天子之政,荐之于天。尧辟位凡二十八年而崩。百姓悲哀,如丧父母。三年,四方莫举乐,以思尧。尧知子丹朱之不肖,不足授天下,于是乃权授舜。授舜,则天下得其利而丹朱病;授丹朱,则天下病而丹朱得其利。尧曰‘终不以天下之病而利一人’,而卒授舜以天下。”三是制定了礼乐典章制度。其核心是肯定尧的禅让以及对百姓的仁德恩惠,进而从另一个侧面表达了对礼坏乐崩和王位争夺现象的批评。这种赞扬是与孔子的德政以及“郁郁乎文哉!吾从周”(《八佾14》)的思想一致的。

2. 子曰:“巍巍乎,舜、禹之有天下也,而不与[①]焉。”(《泰伯18》)

子曰:“无为而治[②]者,其舜也与!夫何为哉?恭己[③]正南面而已矣。”(《卫灵公4》)

子曰:“禹,吾无间[④]然矣。菲[⑤]饮食,而致孝乎鬼神;恶衣服,而致美乎黻冕[⑥];卑宫室,而尽力乎沟洫[⑦]。禹,吾无间然矣!”(《泰伯21》)

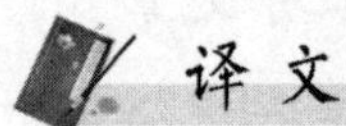

译文

孔子说:“舜、禹是多么崇高啊!他们得到天下,却不据为私有,独专其政。”

孔子说:“能不事必躬亲而使天下太平的人,大概就是舜吧!他做了什么呢?修养仁德,端庄地坐在朝廷听政罢了。”

孔子说:“对于禹,我没有什么非议的了。饮食淡薄,祭祀的祭品却很丰盛;衣服粗劣,祭祀的礼服却做得华美;住房简陋却尽力导河治水。对于禹,我是没有任何非议的。”

注释

①不与:不亲自参与。指舜、禹治国为政以德,任贤使能,无为而治。与,参与。②无为而治:当政者不过度发布政令,干扰百姓。孔子在这里提出了无为而治的思想,内容包含实行德政、举贤任能、修养仁德、不事必躬亲。与道家提出的无为而治有本质区别,老子的无为而治以虚无、清静为本,既反对道德修养,又反对举贤任能。③恭己:仪表端正庄严,这里有修身养德的意思。④间:间隙,缺点。引申为非议。⑤菲:微薄。⑥黻(fú)冕:祭祀时穿的礼服、戴的礼帽。⑦沟洫:指疏导河流治水。

导读

这三条语录是对舜和禹的评价。

舜治理天下的特点是“无为而治”,在舜的身上集中体现了这一点。首先是舜自身有人格魅力,百姓都心向他。二是他举贤任能,进行礼乐文化建设,建构和谐社会。三是有一套典章制度。“三岁一考功,三考绌陟,远近众功咸兴。”(《史记·五帝本纪》)正因为这样,天下大治,人称“天下明德皆自虞帝始”。可见,舜帝的无为而治与

道家老子提倡的无为而治，有着本质的区别。

对禹的评价，则集中表现在禹甘于俭朴、勤于民事、重视祭祀三个方面。在古代，祭祀、民事都是国家大事。重视祭祀，对神灵与祖先的虔诚，实际上就是对国家的忠诚；而导河治水，“三过家门而不入”，正体现了他勤劳民事。再加之禹乐于饮食淡薄、穿戴粗劣、居室简陋，说明他具有仁德之性、爱民之心。

3. 微子①去之，箕子②为之奴，比干③谏而死。孔子曰：“殷有三仁焉！”（《微子1》）

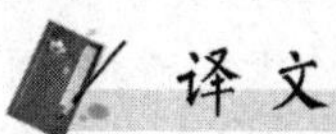

译文

微子离开了商纣王，箕子成为商纣王的奴隶，比干劝谏而被杀。孔子说：“殷商有三位仁人啊！”

注释

①微子：商纣王的兄长，纣王无道，他便离开朝廷，在周公平定武庚和管蔡之乱后，被封为宋国的开国君主，承续了殷商宗祀。②箕子：商纣王的叔父。纣王无道，他披发佯狂，沦为奴隶。武王灭商后，他进献治国大法《尚书·洪范》，封于朝鲜。③比干：商纣王的叔父。纣王无道，比干强谏，激怒纣王，被剖心而死。

导读

本条语录对臣子进行评价。三位臣子都是纣王的亲人，或为兄长，或为叔父。面对无道的纣王，一个是逃，一个是狂（避），一个是对抗。与纣王不合作的方式虽然不一样，但排斥无道、崇尚仁德却是共同的。所以孔子说殷商有三位仁人。

4. 子曰：“伯夷、叔齐①不念旧恶，怨是用希②。”（《公冶长22》）

齐景公有马千驷③，死之日，民无德而称④焉。伯夷、叔齐饿于首阳之下，民到于今称之。其斯之谓与⑤？（《季氏12》）

译文

孔子说："伯夷、叔齐不记旧恨，所以怨恨他们的人也很少。"

齐景公有马四千匹，到他死之日，百姓并不觉得他有什么可以称道的。伯夷、叔齐饿死于首阳山，百姓到现在还在称颂他们。

注释

①伯夷、叔齐：殷商时孤竹国君的儿子，因互相让王位皆不就，而投奔周文王。武王伐纣时，因反对以暴易暴，曾拦车谏阻。后来，周灭殷商统一天下，二人义不食周粟，饿死于首阳山。②希：少。③千驷：千乘。驷，四匹马拉一辆车。④无德而称：同"无得而称"。皇侃《论语义疏》"德"作"得"。⑤其斯之谓与：疑此句前有阙文。朱熹等以为《颜渊10》引诗"诚不以富，亦只以异"应移在此处。

导读

前一条语录，赞美伯夷、叔齐不记旧恨的美德，是实行仁德的行为。后一条语录，用事实证明这一点。拥有千乘之国的诸侯，行事缺乏仁德，不会有人记挂、称颂他们。行为高洁的仁德之人，任何时候百姓都忘不了他们。这很容易让人想起臧克家的诗歌："有的人活着，他已经死了！有的人死了，他还活着！"

5. 子曰："甚矣吾衰也！久矣吾不复梦见周公①！"（《述而5》）

子曰："周监②于二代③，郁郁乎文④哉！吾从周。"（《八佾14》）

译文

孔子说："我衰老得多么厉害啊！我许久没有梦见周公了！"

孔子说："周代的礼乐制度是借鉴夏、商两代而来，多么丰富而完美啊！我赞同周代的礼乐制度。"

注释

①周公：姬旦，周文王之子，武王之弟，采邑在周（今陕西岐山北），故称周公，后为

鲁国始封之君。②监:同“鉴”,借鉴。③二代:夏、商两朝。④文:指礼乐制度。

导读

周公辅佐成王,制礼作乐,很有建树。在孔子看来,周公就是周代礼乐文明的代表,所以他把梦见周公作为出现盛世的一种征兆。后一条语录,就是对周代礼乐制度的高度赞美。孔子认为,周代的礼乐文明是从夏、商两代借鉴而来,到周则蔚为大观,丰富完美,所以主张遵循周代,赞同周代的礼乐文明。他所说的克己复礼,就是要在礼坏乐崩的春秋,恢复周代的礼乐文明。

6. 子路曰:“桓公[①]杀公子纠[②],召忽死之,管仲不死[③]。”曰:“未仁乎?”子曰:“桓公九合诸侯,不以兵车,管仲之力也。如其仁!如其仁!”(《宪问17》)

子贡曰:“管仲非仁者与?桓公杀公子纠,不能死,又相之。”子曰:“管仲相桓公,霸诸侯,一匡天下,民到于今受其赐。微[④]管仲,吾其被发左衽[⑤]矣!岂若匹夫匹妇之为谅也,自经于沟渎而莫之知也!”(《宪问18》)

译文

子路说:“齐桓公杀掉公子纠后,辅佐公子纠的召忽便自杀而死,可同样辅佐公子纠的管仲却没有死。”子路接着又说:“这算不得仁吧?”孔子回答说:“齐桓公多次会盟诸侯,不动用武力,这都是管仲的功劳。这就是他的仁德,这就是他的仁德。”

子贡说:“管仲不是仁德之人吧?齐桓公杀了公子纠,管仲不仅没有为公子纠殉死,还做了齐国的相。”

孔子说:“管仲辅佐齐桓公,称霸于诸侯,使天下得到匡正,百姓至今还能享受到他给予的恩惠。如果没有管仲,我们这些人可能要披散着头发、衣襟向左边开了。难道要像普通百姓那样拘泥于小节小信,在山沟中上吊殉死,湮没无闻吗?”

注释

①桓公(?—前643):齐桓公,春秋五霸之首,公元前685—前643年在位。桓公

任管仲为相，推行改革，实行军政合一、兵民合一的制度，齐国逐渐强盛。②公子纠（？—前685）：春秋时齐国人，齐襄公之弟。与桓公争位，失败被杀。③召忽死之，管仲不死：召忽、管仲是公子纠的家臣。公子纠争位失败后，召忽自杀，桓公听从鲍叔牙推荐，不仅对管仲以礼相待，还任用他为相，成为桓公成就霸主的主要功臣。④微：没有。⑤被发左衽：被，通“披”。衽，衣襟。古代华夏族，头发梳在头顶，衣襟往右开。北方外族或少数民族披发，衣襟往左开。

导读

孔子在这里对历史人物的评价，牵涉如何辩证地看待一个人的问题。以管仲而言，虽然他没能为公子纠守死节，在日常生活中有很多不检点甚至是僭越的行为，但孔子从大节着眼，认为管仲是一个仁德之人。如他的“九合诸侯，不以兵车”“霸诸侯，一匡天下”，都表现了他杰出的道德与才能。他能从“爱人”的角度出发，施行仁者的政行，所以百姓至今还能享受他带来的恩惠。可见，看人不能拘泥于小节，而是要看大节。

7.或问子产①。子曰：“惠人也。”问子西②。曰：“彼哉，彼哉！”问管仲。曰：“人也，夺伯氏③骈邑④三百，饭疏食，没齿无怨言。”（《宪问10》）

子谓子产：“有君子之道四焉：其行己也恭，其事上也敬，其养民也惠，其使民也义。”（《公冶长15》）

译文

有人问子产是什么样的人。孔子说：“是一个仁惠之人。”又问子西是一个什么样的人。孔子接着回答说：“就他呀，就他呀！”又问起管仲。孔子说：“是人才。他剥夺了伯氏骈邑三百户的采地，让伯氏吃粗茶淡饭，一直到死都没有任何怨言。”

孔子评价子产，说：“他具备君子之道的地方有四个方面：自我修为庄重端正，待奉君主严肃恭敬，教养百姓多用仁惠，役使百姓合乎道义。”

注释

①子产：春秋时郑国著名政治活动家。②子西：指郑国的公孙夏，为子产同宗兄弟，子产继他之后主持郑国国政。③伯氏：齐国大夫。④骈邑：伯氏的采邑。

导读

这里主要是评价子产，用管仲、子西衬托。前一条语录是对比评价。对子西的评价饶有趣味，一种带有轻蔑意味的"就他呀！就他呀！"说明了子西无德无能。对管仲的评价则是以"人也"来概括，是个人才，侧重从"能"这个角度点评。夺了伯氏三百户采邑，伯氏竟然无怨言，可见管仲手段之高明，能力之超群。也可以理解为：管仲虽不重小节，但却有大德。而子产则是一个仁人。仁人是孔子最高的评价。

后条语录正好从子产作为君子的四方面德行（修身、忠君、爱民、使民），诠释了对子产"惠人"的总评价。

8. 子曰："晏平仲[①]善与人交，久而敬之。"（《公冶长16》）

译文

孔子说："晏平仲善于与人交朋友，交往越久，人们越是敬重他。"

注释

①晏平仲：晏婴，字平仲，春秋时齐国大夫。

导读

晏婴是春秋著名社会活动家、外交家。善于与人打交道。这里评价他善于交朋友，交往越久，人们越是敬重他。这至少说明两点：一是其品德高尚，有仁德，值得人们信赖；二是交友真诚，不虚妄。另一说，交往越久，晏婴越敬重别人。也可通。

9. 子曰："巧言、令色、足恭[①]，左丘明[②]耻之，丘亦耻之。匿怨[③]而友

其人，左丘明耻之，丘亦耻之。”(《公冶长24》)

译文

孔子说：“花言巧语、面貌伪善、恭顺过分，左丘明以此为耻辱，我也以此为耻辱。内心藏着怨恨，表面却与人友好，左丘明以此为耻辱，我也以此为耻辱。”

注释

①足恭：过分的恭敬。钱穆认为，巧言是以语言悦人，令色是以容貌悦人，足恭是从行动上悦人。(《论语新解》)总而言之，这些悦人的方式多是伪装出来的，并非是真诚的。②左丘明：春秋时鲁国史学家，相传为《左传》作者。③匿怨：内心藏着怨恨。

导读

孔子指出了人与人交往中表里不一的四种情形：巧言、令色、足恭、匿怨而友其人。并指出有德之贤人如左丘明以此为耻辱，自己也以此为耻辱。隐藏了对左丘明的赞美式评价，并将左丘明引以为同调，亦可以警示来者。

10. 子贡曰：“纣之不善，不如是之甚也。是以君子恶居下流[1]，天下之恶皆归焉。”(《子张20》)

译文

子贡说：“商纣王的坏，并不像传说的那样厉害。所以君子厌恶处于低下的处境，因为一旦如此，将使天下所有的坏名声都归集到他的身上。”

注释

①下流：地势低洼、水流汇聚之处。比喻声誉恶劣的处境。

导读

从品评人物的角度来看，好人并非全好，坏人也并非一无是处，如商纣王就没有传说中的那么坏。只不过众口铄金，积毁销骨，墙倒众人推，坏事都归到他身上罢了。子贡能够清醒地评价纣王，确属难能可贵，是一种全面认识人的正确态度。

然而，从另一方面也告诫我们，人不能做坏事，一旦你处在坏人的“下流”地位，千古恶名就会一人承担。所以时时警醒、洁身自好、修身不辍，是每一个君子要注意并身体力行的。

十四、论文化典籍

1. 子曰：“加①我数年，五十②以学《易》，可以无大过矣。”(《述而16》)

译文

孔子说：“让我多活几年，五年或十年，用来学习《易》，就可以没有大的过错了。”

注释

①加：给予。②五十：一般人多误解为五十岁。但孔子是晚年喜欢钻研《易》，且五十岁以前，不必“加我数年”，朱熹认为“五十”两字是传抄错误(《论语集注》)，其实“五十”两字是“五年或十年”的意思。

导读

据《史记·孔子世家》载：“孔子晚而喜《易》，序《彖》《系》《象》《说卦》《文言》，读《易》，韦编三绝。曰：‘假我数年，若是，我于《易》则彬彬矣。’”可见，孔子对《易》是下了苦功夫的。

《易》本为卜筮之书，也是讲变易之书。因为卜筮的内容既有现实生活的日常琐事、人生变化，也有军国大事，总而言之与社会、现实、人生联系紧密。如果理解了变易、变通，掌握了规律，自然而然的，人生即可以无大错。刘宝楠《论语正义·述而第七》说：“学《易》可以无大过者，《易》之道，皆主中行，主变通，故学之而可与适道，可

与立权也。”近人冯友兰也说:“吾人行为,能取法于《易》,即可不致有错。”(《中国哲学史》)

2. 子曰:“《诗》三百,一言以蔽之,曰:‘思无邪①。’”(《为政2》)

子曰:“《关雎》②乐而不淫,哀而不伤。”(《八佾20》)

子曰:“小子!何莫学夫《诗》?《诗》,可以兴,可以观,可以群,可以怨。迩之事父,远之事君。多识于鸟、兽、草、木之名。”(《阳货9》)

子曰:“诵《诗》三百,授之以政③,不达;使于四方,不能专对④;虽多,亦奚以为?”(《子路5》)

不学《诗》,无以言。(《季氏13》)

译文

孔子说:“《诗》三百篇,可以用一句话来概括,就是:‘思想纯正,没有邪念。’”

孔子说:“《关雎》欢乐却不放荡,哀婉却不悲伤。”

孔子说:“弟子们,为什么不学《诗》呢?《诗》,可以用来抒发人的思想感情,可以用来观察社会得失,可以用来交朋友,可以用来怨刺、批评社会的不平之事。近,可以用来侍奉父母;远,可以用来侍奉君王;还可以了解鸟、兽、草、木名称之类的广博知识。”

孔子说:“熟读《诗》三百篇,交给他政事,却办不好;出使四方,却不能用《诗》独立应对;即使读得多,又有何用?”

不学习《诗》,便无法得体地说话。

注释

①思无邪:思想纯正没有邪念。思,语首词,无意义。②《关雎》:《诗》的第一篇。③政:政事。④专对:用《诗》独立应对,春秋时外交辞令常以赋诗言志的形式体现。

导读

这些语录都是介绍《诗》的。内容丰富,既概括了《诗》的思想内容、风格与情感基调,又强调了《诗》的功用和重要性。《诗》作为孔子教学的重要内容之一,在思想上是纯正的。"乐而不淫,哀而不伤"的风格与情感基调恰到好处,体现了孔子的中庸思想。

《诗》的重要功用突出表现在感发意志的审美作用,观察社会的认识作用,交流沟通的凝聚作用,怨刺社会的批评作用。

正因此,扩而大之,《诗》在家可用来侍奉父母,在国可侍奉君王,还可以增加很多有关鸟、兽、草、木的百科知识。假如人不学《诗》,在社会上说话都不会得体。因此,《诗》与《礼》、《乐》一道,成为礼乐文明的重要载体和重要体现形式。

3. 子曰:"吾自卫反[①]鲁,然后乐正,《雅》、《颂》各得其所。"(《子罕 14》)

子谓《韶》[②]:"尽美矣,又尽善也。"谓《武》[③]:"尽美矣,未尽善也。"(《八佾 25》)

子在齐闻《韶》,三月不知肉味。曰:"不图为乐之至于斯也!"(《述而 13》)

译文

孔子说:"我从卫国返回鲁国,然后开始整理、订正乐章,让《雅》《颂》各自回归到它们应在的位置。"

孔了评价《韶》乐说:"旋律上美极了,内容上好极了。"评价《武》乐说:"旋律上美极了,内容上却还不够好。"

孔子在齐国欣赏《韶》乐后,陶醉得一连几个月品尝不出肉的鲜美滋味,感叹地说:"没想到欣赏音乐能达到这种境界啊!"

注释

①反:同"返"。孔子回到鲁国是在鲁哀公十一年(前 484)。②《韶》:虞舜时的乐曲名。③《武》:周武王时的乐曲名。

导读

这一组语录是谈音乐的。一是订正音乐,使各乐章回归应在的位置。有两种说法,一是孔子将《诗》内容分为风、雅、颂;一是为乐曲分类,配音可以演唱。

二是评价音乐。《韶》是虞舜时的乐曲名,是歌颂舜的。舜以孝闻名,以仁爱取得天下(尧禅让),这是孔子最推崇的。所以他认为《韶》乐的旋律不仅在形式上美极了,在内容上也好极了。《武》乐是周武王时代的音乐,虽然武王伐纣具有一定的正义性,但毕竟是以暴易暴的方式取得天下的,并非孔子最向往的政权更替形式,所以他评价《武》乐,形式虽美极了,内容却并不够好。

三是欣赏音乐。孔子在齐国听到演奏的《韶》乐后,精神上的升华掩盖了感官的享受。孔子所处的时代,肉是鲜美食物的一种象征,一种代表,不是每个人都有资格吃肉的。"肉食者"需要一定地位和资历,《孟子·梁惠王上》就说道:"鸡豚狗彘之畜,无失其时,七十者可以食肉矣。"所以,孔子是因一种精神上的官能而掩盖了另一种肉体上的官能。因此才会生出"没料到欣赏音乐会达到如此境界"的感叹。

孔子认为礼乐教化,从诗开始,以乐完成,欣赏美的音乐是最高的享受。

4.子曰:"夏礼,吾能言之,杞①不足征也;殷礼,吾能言之,宋②不足征也。文献③不足故也。足,则吾能征之矣。"(《八佾9》)

译文

孔子说:"夏代的礼,我能说出来,但它的后代杞国不足以为证;商代的礼,我能说出来,但它的后代宋国不足以为证。这是因为两国的文化典籍和通晓礼的贤者不够。如果有足够的文化典籍资料和通晓礼的贤者,那么我就能引以为证了。"

注释

①杞:国名,夏禹后代的封国,在今河南杞县。②宋:国名。商汤后代的封国,在今河南商丘南。③文献:文指典籍,献指通晓礼的贤人。

导读

孔子说:"兴于《诗》,立于礼,成于乐。"(《泰伯8》)礼是立足于社会的东西,在诗与乐之间,承上启下。所以孔子特别重视礼,以及礼的教育。他深知周礼是从夏、商两代之礼中有所损益地继承发展而来,也清楚周礼借鉴了夏、商之礼,他特别想加以验证,以使人信服。但可行“文化典籍”和通晓礼的贤人都不多,无法加以验证,因此他感叹不已。这一方面体现了孔子对古代之礼的向往,另一方面也体现了他信而有证的求实精神。

附 录

《论语》原著

学而第一

朱熹:此为书之首篇,故所记多务本之意,乃入道之门,积德之基,学者之先务也。凡十六章。

1. 子曰:“学而时习之,不亦说乎?有朋自远方来,不亦乐乎?人不知而不愠,不亦君子乎?”

2. 有子曰:“其为人也孝弟,而好犯上者,鲜矣;不好犯上,而好作乱者,未之有也。君子务本,本立而道生。孝弟也者,其为仁之本与!”

3. 子曰:“巧言令色,鲜矣仁。”

4. 曾子曰:“吾日三省吾身:为人谋而不忠乎?与朋友交而不信乎?传不习乎?”

5. 子曰:“道千乘之国,敬事而信,节用而爱人,使民以时。”

6. 子曰:“弟子入则孝,出则弟,谨而信,泛爱众,而亲仁。行有余力,则以学文。”

7. 子夏曰:“贤贤易色;事父母,能竭其力;事君,能致其身;与朋友交,言而有信。虽曰未学,吾必谓之学矣。”

8. 子曰:“君子不重则不威;学则不固。主忠信,无友不如己者。过则勿惮改。”

9. 曾子曰:“慎终,追远,民德归厚矣。”

10. 子禽问于子贡曰:“夫子至于是邦也,必闻其政。求之与?抑与之与?”子贡曰:“夫子温、良、恭、俭、让以得之。夫子之求之也,其诸异乎人之求之与?”

11. 子曰:“父在,观其志;父没,观其行;三年无改于父之道,可谓孝矣。”

12. 有子曰:“礼之用,和为贵。先王之道,斯为美,小大由之。有所不行,知和而和,不以礼节之,亦不可行也。”

13. 有子曰:“信近于义,言可复也。恭近于礼,远耻辱也。因不失其亲,亦可宗也。”

14. 子曰:“君子食无求饱,居无求安,敏于事而慎于言,就有道而正焉,可谓好学也已。”

15. 子贡曰:“贫而无谄,富而无骄,何如?”子曰:“可也。未若贫而乐,富而好礼者也。”子贡曰:“《诗》云:‘如切如磋,如琢如磨。’其斯之谓与?”子曰:“赐也,始可与言《诗》已矣!告诸往而知来者。”

16. 子曰:“不患人之不己知,患不知人也。”

为政第二

朱熹:凡二十四章。

1. 子曰:“为政以德,譬如北辰,居其所而众星共之。”

2. 子曰:“《诗》三百,一言以蔽之,曰:‘思无邪。’”

3. 子曰:“道之以政,齐之以刑,民免而无耻;道之以德,齐之以礼,有耻且格。”

4. 子曰:“吾十有五而志于学,三十而立,四十而不惑,五十而知天命,六十而耳顺,七十而从心所欲,不逾矩。”

5. 孟懿子问孝。子曰:“无违。”樊迟御,子告之曰:“孟孙问孝于我,我对曰‘无违’。”樊迟曰:“何谓也?”子曰:“生,事之以礼;死,葬之以礼,祭之以礼。”

6. 孟武伯问孝。子曰:“父母唯其疾之忧。”

7. 子游问孝。子曰:“今之孝者,是谓能养。至于犬马,皆能有养;不敬,何以别乎?”

8. 子夏问孝。子曰:“色难。有事,弟子服其劳;有酒食,先生馔。曾是以为孝乎?”

9. 子曰:“吾与回言终日,不违,如愚。退而省其私,亦足以发。回也不愚。”

10. 子曰:“视其所以,观其所由,察其所安。人焉廋哉?人焉廋哉?”

11. 子曰:“温故而知新,可以为师矣。”

12. 子曰:“君子不器。”

13. 子贡问君子。子曰:“先行其言,而后从之。”

14. 子曰:“君子周而不比,小人比而不周。”

15. 子曰:“学而不思则罔,思而不学则殆。”

16. 子曰:“攻乎异端,斯害也已。”

17. 子曰:“由!诲女知之乎!知之为知之,不知为不知,是知也。”

18. 子张学干禄。子曰:“多闻阙疑,慎言其余,则寡尤。多见阙殆,慎行其余,则寡悔。言寡尤,行寡悔,禄在其中矣。”

19. 哀公问曰:“何为则民服?”孔子对曰:“举直错诸枉,则民服;举枉错诸直,则民不服。”

20. 季康子问:“使民敬、忠以劝,如之何?”子曰:“临之以庄,则敬;孝慈,则忠;举善而教不能,则劝。”

21. 或谓孔子曰:“子奚不为政?”子曰:“《书》云:‘孝乎惟孝,友于兄弟,施于有政。’是亦为政,奚其为为政?”

22. 子曰:“人而无信,不知其可也。大车无輗,小车无軏,其何以行之哉?”

23. 子张问:“十世可知也?”子曰:“殷因于夏礼,所损益,可知也;周因于殷礼，所损益，可知也。其或继周者，虽百世，可知也。”

24. 子曰：“非其鬼而祭之，谄也。见义不为，无勇也。”

八佾第三

朱熹：凡二十六章。通前篇末二章，皆论礼乐之事。

1. 孔子谓季氏：“《八佾》舞于庭，是可忍也，孰不可忍也？”

2. 三家者以《雍》彻。子曰：“‘相维辟公，天子穆穆。’奚取于三家之堂？”

3. 子曰：“人而不仁，如礼何？人而不仁，如乐何？”

4. 林放问礼之本。子曰：“大哉问！礼，与其奢也，宁俭；丧，与其易也，宁戚。”

5. 子曰：“夷狄之有君，不如诸夏之亡也。”

6. 季氏旅于泰山。子谓冉有曰：“女弗能救与？”对曰：“不能。”子曰：“呜呼！曾谓泰山不如林放乎？”

7. 子曰：“君子无所争。必也射乎！揖让而升，下而饮。其争也君子。”

8. 子夏问曰：“‘巧笑倩兮，美目盼兮，素以为绚兮。’何谓也？”子曰：“绘事后素。”曰：“礼后乎？”子曰：“起予者，商也！始可与言《诗》已矣。”

9. 子曰：“夏礼，吾能言之，杞不足征也；殷礼，吾能言之，宋不足征也。文献不足故也。足，则吾能征之矣。”

10. 子曰：“禘，自既灌而往者，吾不欲观之矣。”

11. 或问禘之说。子曰：“不知也。知其说者之于天下也，其如示诸斯乎！”指其掌。

12. 祭如在，祭神如神在。子曰：“吾不与祭，如不祭。”

13. 王孙贾问曰："'与其媚于奥，宁媚于灶'，何谓也？"子曰："不然。获罪于天，无所祷也。"

14. 子曰："周监于二代，郁郁乎文哉！吾从周。"

15. 子入大庙，每事问。或曰："孰谓鄹人之子知礼乎？入大庙，每事问。"子闻之，曰："是礼也。"

16. 子曰："射不主皮，为力不同科。古之道也。"

17. 子贡欲去告朔之饩羊。子曰："赐也！尔爱其羊，我爱其礼。"

18. 子曰："事君尽礼，人以为谄也。"

19. 定公问："君使臣，臣事君，如之何？"孔子对曰："君使臣以礼，臣事君以忠。"

20. 子曰："《关雎》乐而不淫，哀而不伤。"

21. 哀公问社于宰我。宰我对曰："夏后氏以松，殷人以柏，周人以栗，曰'使民战栗'。"子闻之，曰："成事不说，遂事不谏，既往不咎。"

22. 子曰："管仲之器，小哉！"或曰："管仲俭乎？"曰："管氏有三归，官事不摄，焉得俭？""然则管仲知礼乎？"曰："邦君树塞门，管氏亦树塞门。邦君为两君之好，有反坫，管氏亦有反坫。管氏而知礼，孰不知礼？"

23. 子语鲁大师乐。曰："乐其可知也：始作，翕如也；从之，纯如也，皦如也，绎如也，以成。"

24. 仪封人请见，曰："君子之至于斯也，吾未尝不得见也。"从者见之。出曰："二三子何患于丧乎？天下之无道也久矣，天将以夫子为木铎。"

25. 子谓《韶》："尽美矣，又尽善也。"谓《武》："尽美矣，未尽善也。"

26. 子曰："居上不宽，为礼不敬，临丧不哀，吾何以观之哉？"

里仁第四

朱熹:凡二十六章。

1. 子曰:“里仁为美。择不处仁,焉得知?”

2. 子曰:“不仁者,不可以久处约,不可以长处乐。仁者安仁,知者利仁。”

3. 子曰:“唯仁者,能好人,能恶人。”

4. 子曰:“苟志于仁矣,无恶也。”

5. 子曰:“富与贵,是人之所欲也;不以其道得之,不处也。贫与贱,是人之所恶也;不以其道得之,不去也。君子去仁,恶乎成名?君子无终食之间违仁,造次必于是,颠沛必于是。”

6. 子曰:“我未见好仁者,恶不仁者。好仁者,无以尚之;恶不仁者,其为仁矣,不使不仁者加乎其身。有能一日用其力于仁矣乎?我未见力不足者。盖有之矣,我未之见也。”

7. 子曰:“人之过也,各于其党。观过,斯知仁矣。”

8. 子曰:“朝闻道,夕死可矣。”

9. 子曰:“士志于道,而耻恶衣恶食者,未足与议也!”

10. 子曰:“君子之于天下也,无适也,无莫也,义之与比。”

11. 子曰:“君子怀德,小人怀土;君子怀刑,小人怀惠。”

12. 子曰:“放于利而行,多怨。”

13. 子曰:“能以礼让为国乎,何有!不能以礼让为国,如礼何!”

14. 子曰:“不患无位,患所以立;不患莫己知,求为可知也。”

15. 子曰:“参乎!吾道一以贯之。”曾子曰:“唯。”子出。门人问曰:“何谓也?”曾子曰:“夫子之道,忠恕而已矣。”

16. 子曰:“君子喻于义,小人喻于利。”

17. 子曰："见贤思齐焉；见不贤而内自省也。"

18. 子曰："事父母幾谏；见志不从，又敬不违，劳而不怨。"

19. 子曰："父母在，不远游，游必有方。"

20. 子曰："三年无改于父之道，可谓孝矣。"

21. 子曰："父母之年，不可不知也。一则以喜，一则以惧。"

22. 子曰："古者言之不出，耻躬之不逮也。"

23. 子曰："以约失之者，鲜矣。"

24. 子曰："君子欲讷于言，而敏于行。"

25. 子曰："德不孤，必有邻。"

26. 子游曰："事君数，斯辱矣；朋友数，斯疏矣。"

公冶长第五

朱熹：此篇皆论古今人物贤否得失，盖格物穷理之一端也。凡二十七章。胡氏以为，疑多子贡之徒所记云。

1. 子谓公冶长："可妻也。虽在缧绁之中，非其罪也。"以其子妻之。子谓南容："邦有道，不废；邦无道，免于刑戮。"以其兄之子妻之。

2. 子谓子贱："君子哉若人！鲁无君子者，斯焉取斯？"

3. 子贡问曰："赐也何如？"子曰："女，器也。"曰："何器也？"曰："瑚琏也。"

4. 或曰："雍也，仁而不佞。"子曰："焉用佞？御人以口给，屡憎于人。不知其仁，焉用佞？"

5. 子使漆雕开仕。对曰："吾斯之未能信。"子说。

6. 子曰："道不行，乘桴浮于海。从我者，其由与？"子路闻之喜。子曰："由也，好勇过我，无所取材。"

7. 孟武伯问："子路仁乎？"子曰："不知也。"又问。子曰："由也，千

乘之国，可使治其赋也，不知其仁也。”“求也何如？”子曰：“求也，千室之邑，百乘之家，可使为之宰也，不知其仁也。”“赤也何如？”子曰：“赤也，束带立于朝，可使与宾客言也，不知其仁也。”

8. 子谓子贡曰：“女与回也，孰愈？”对曰：“赐也，何敢望回？回也，闻一以知十；赐也，闻一以知二。”子曰：“弗如也。吾与女弗如也。”

9. 宰予昼寝。子曰：“朽木不可雕也，粪土之墙不可杇也。于予与何诛？”子曰：“始吾于人也，听其言而信其行；今吾于人也，听其言而观其行。于予与改是。”

10. 子曰：“吾未见刚者。”或对曰：“申枨。”子曰：“枨也欲，焉得刚？”

11. 子贡曰：“我不欲人之加诸我也，吾亦欲无加诸人。”子曰：“赐也，非尔所及也。”

12. 子贡曰：“夫子之文章，可得而闻也；夫子之言性与天道，不可得而闻也。”

13. 子路有闻，未之能行，唯恐有闻。

14. 子贡问曰：“孔文子何以谓之‘文’也？”子曰：“敏而好学，不耻下问，是以谓之‘文’也。”

15. 子谓子产：“有君子之道四焉：其行己也恭，其事上也敬，其养民也惠，其使民也义。”

16. 子曰：“晏平仲善与人交，久而敬之。”

17. 子曰：“臧文仲居蔡，山节藻棁。何如其知也？”

18. 子张问曰：“令尹子文三仕为令尹，无喜色；三已之，无愠色。旧令尹之政，必以告新令尹。何如？”子曰：“忠矣。”曰：“仁矣乎？”曰：“未知；焉得仁！”“崔子弑齐君，陈文子有马十乘，弃而违之。至于他邦，则曰：‘犹吾大夫崔子也。’违之。之一邦，则又曰：‘犹吾大夫崔子也。’违之。何如？”子曰：“清矣。”曰：“仁矣乎？”曰：“未知，焉得仁？”

19. 季文子三思而后行。子闻之，曰：“再，斯可矣。”

20. 子曰：“宁武子，邦有道，则知；邦无道，则愚。其知可及也；其愚不可及也。"

21. 子在陈,曰:"归与!归与!吾党之小子狂简,斐然成章,不知所以裁之。"

22. 子曰:"伯夷、叔齐不念旧恶,怨是用希。"

23. 子曰:"孰谓微生高直?或乞醯焉,乞诸其邻而与之。"

24. 子曰:"巧言、令色、足恭,左丘明耻之,丘亦耻之。匿怨而友其人,左丘明耻之,丘亦耻之。"

25. 颜渊、季路侍。子曰:"盍各言尔志?"子路曰:"愿车马衣轻裘,与朋友共,敝之而无憾。"颜渊曰:"愿无伐善,无施劳。"子路曰:"愿闻子之志。"子曰:"老者安之,朋友信之,少者怀之。"

26. 子曰:"已矣乎!吾未见能见其过而内自讼者也。"

27. 子曰:"十室之邑,必有忠信如丘者焉,不如丘之好学也。"

雍也第六

朱熹:凡二十八章。篇内第十四章以前,大意与前篇同。

1. 子曰:"雍也可使南面。"

仲弓问子桑伯子。子曰:"可也,简。"仲弓曰:"居敬而行简,以临其民,不亦可乎?居简而行简,无乃大简乎?"子曰:"雍之言然。"

2. 哀公问:"弟子孰为好学?"孔子对曰:"有颜回者好学,不迁怒,不贰过。不幸短命死矣。今也则亡,未闻好学者也。"

3. 子华使于齐,冉子为其母请粟。子曰:"与之釜。"请益。曰:"与之庾。"冉子与之粟五秉。子曰:"赤之适齐也,乘肥马,衣轻裘。吾闻之也,君子周急不继富。"

原思为之宰,与之粟九百,辞。子曰:"毋!以与尔邻里乡党乎!"

4. 子谓仲弓曰:"犁牛之子骍且角,虽欲勿用,山川其舍诸?"

5. 子曰:“回也,其心三月不违仁。其余,则日月至焉而已矣。”

6. 季康子问:“仲由可使从政也与?”子曰:“由也果,于从政乎何有?”曰:“赐也可使从政也与?”曰:“赐也达,于从政乎何有?”曰:“求也可使从政也与?”曰:“求也艺,于从政乎何有?”

7. 季氏使闵子骞为费宰。闵子骞曰:“善为我辞焉!如有复我者,则吾必在汶上矣。”

8. 伯牛有疾,子问之,自牖执其手,曰:“亡之,命矣夫!斯人也而有斯疾也!斯人也而有斯疾也!”

9. 子曰:“贤哉,回也!一箪食,一瓢饮,在陋巷,人不堪其忧,回也不改其乐。贤哉,回也!”

10. 冉求曰:“非不说子之道,力不足也。”子曰:“力不足者,中道而废。今女画。”

11. 子谓子夏曰:“女为君子儒,无为小人儒。”

12. 子游为武城宰。子曰:“女得人焉耳乎?”曰:“有澹台灭明者,行不由径,非公事,未尝至于偃之室也。”

13. 子曰:“孟之反不伐。奔而殿,将入门,策其马,曰:‘非敢后也,马不进也。’”

14. 子曰:“不有祝鮀之佞,而有宋朝之美,难乎免于今之世矣。”

15. 子曰:“谁能出不由户?何莫由斯道也?”

16. 子曰:“质胜文则野,文胜质则史。文质彬彬,然后君子。”

17. 子曰:“人之生也直,罔之生也幸而免。”

18. 子曰:“知之者不如好之者,好之者不如乐之者。”

19. 子曰:“中人以上,可以语上也;中人以下,不可以语上也。”

20. 樊迟问知。子曰:“务民之义,敬鬼神而远之,可谓知矣。”问仁。曰:“仁者先难而后获,可谓仁矣。”

21. 子曰:“知者乐水,仁者乐山。知者动,仁者静。知者乐,仁者寿。”

22. 子曰:“齐一变,至于鲁;鲁一变,至于道。”

23. 子曰："觚不觚，觚哉！觚哉！"

24. 宰我问曰："仁者，虽告之曰'井有仁焉'，其从之也？"子曰："何为其然也？君子可逝也，不可陷也；可欺也，不可罔也。"

25. 子曰："君子博学于文，约之以礼，亦可以弗畔矣夫！"

26. 子见南子，子路不说。夫子矢之曰："予所否者，天厌之！天厌之！"

27. 子曰："中庸之为德也，其至矣乎！民鲜久矣。"

28. 子贡曰："如有博施于民而能济众，何如？可谓仁乎？"子曰："何事于仁？必也圣乎！尧、舜其犹病诸！夫仁者，己欲立而立人，己欲达而达人。能近取譬，可谓仁之方也已。"

述而第七

朱熹：此篇多记圣人谦己诲人之辞及其容貌行事之实。凡三十七章。

1. 子曰："述而不作，信而好古，窃比于我老彭。"

2. 子曰："默而识之，学而不厌，诲人不倦，何有于我哉？"

3. 子曰："德之不修，学之不讲，闻义不能徙，不善不能改，是吾忧也。"

4. 子之燕居，申申如也，夭夭如也。

5. 子曰："甚矣吾衰也！久矣吾不复梦见周公！"

6. 子曰："志于道，据于德，依于仁，游于艺。"

7. 子曰："自行束脩以上，吾未尝无诲焉。"

8. 子曰："不愤不启，不悱不发。举一隅不以三隅反，则不复也。"

9. 子食于有丧者之侧，未尝饱也。

子于是日哭，则不歌。

10. 子谓颜渊曰："用之则行，舍之则藏，唯我与尔有是夫！"子路曰：

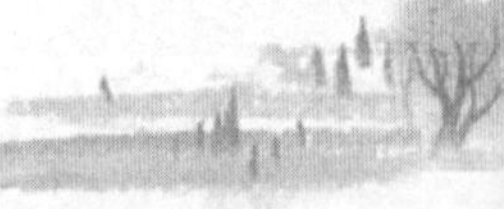

“子行三军,则谁与?”子曰:“暴虎冯河,死而无悔者,吾不与也。必也临事而惧、好谋而成者也。”

11. 子曰:“富而可求也,虽执鞭之士,吾亦为之。如不可求,从吾所好。”

12. 子之所慎:齐,战,疾。

13. 子在齐闻《韶》,三月不知肉味。曰:“不图为乐之至于斯也!”

14. 冉有曰:“夫子为卫君乎?”子贡曰:“诺。吾将问之。”入,曰:“伯夷、叔齐何人也?”曰:“古之贤人也。”曰:“怨乎?”曰:“求仁而得仁,又何怨!”出,曰:“夫子不为也。”

15. 子曰:“饭疏食,饮水,曲肱而枕之,乐亦在其中矣。不义而富且贵,于我如浮云。”

16. 子曰:“加我数年,五十以学《易》,可以无大过矣。”

17. 子所雅言:《诗》、《书》、执礼,皆雅言也。

18. 叶公问孔子于子路,子路不对。子曰:“女奚不曰,其为人也,发愤忘食,乐以忘忧,不知老之将至云尔。”

19. 子曰:“我非生而知之者,好古,敏以求之者也。”

20. 子不语:怪,力,乱,神。

21. 子曰:“三人行,必有我师焉。择其善者而从之,其不善者而改之。”

22. 子曰:“天生德于予,桓魋其如予何?”

23. 子曰:“二三子以我为隐乎?吾无隐乎尔。吾无行而不与二三子者,是丘也。”

24. 子以四教:文,行,忠,信。

25. 子曰:“圣人,吾不得而见之矣;得见君子者,斯可矣。”子曰:“善人,吾不得而见之矣;得见有恒者,斯可矣。亡而为有,虚而为盈,约而为泰,难乎有恒矣。”

26. 子钓而不纲,弋不射宿。

27. 子曰:“盖有不知而作之者,我无是也。多闻择其善者而从之;

多见,而识之。知之次也。”

28. 互乡难与言。童子见,门人惑。子曰:“与其进也,不与其退也,唯何甚?人洁己以进,与其洁也,不保其往也。”

29. 子曰:“仁远乎哉?我欲仁,斯仁至矣。”

30. 陈司败问:“昭公知礼乎?”孔子曰:“知礼。”孔子退,揖巫马期而进之,曰:“吾闻君子不党,君子亦党乎?君取于吴,为同姓,谓之吴孟子。君而知礼,孰不知礼?”巫马期以告。子曰:“丘也幸,苟有过,人必知之。”

31. 子与人歌而善,必使反之,而后和之。

32. 子曰:“文,莫吾犹人也。躬行君子,则吾未之有得。”

33. 子曰:“若圣与仁,则吾岂敢?抑为之不厌,诲人不倦,则可谓云尔已矣。”公西华曰:“正唯弟子不能学也。”

34. 子疾病,子路请祷。子曰:“有诸?”子路对曰:“有之。《诔》曰:‘祷尔于上下神祇。’”子曰:“丘之祷久矣。”

35. 子曰:“奢则不孙,俭则固。与其不孙也,宁固。”

36. 子曰:“君子坦荡荡,小人长戚戚。”

37. 子温而厉,威而不猛,恭而安。

泰伯第八

朱熹:凡二十一章。

1. 子曰:“泰伯其可谓至德也已矣。三以天下让,民无得而称焉。”

2. 子曰:“恭而无礼则劳,慎而无礼则葸,勇而无礼则乱,直而无礼则绞。君子笃于亲,则民兴于仁。故旧不遗,则民不偷。”

3. 曾子有疾,召门弟子曰:“启予足!启予手!《诗》云:‘战战兢兢,如临深渊,如履薄冰。’而今而后,吾知免夫!小子!”

4. 曾子有疾，孟敬子问之。曾子言曰："鸟之将死，其鸣也哀；人之将死，其言也善。君子所贵乎道者三：动容貌，斯远暴慢矣；正颜色，斯近信矣；出辞气，斯远鄙倍矣。笾豆之事，则有司存。"

5. 曾子曰："以能问于不能，以多问于寡；有若无，实若虚，犯而不校，昔者吾友，尝从事于斯矣。"

6. 曾子曰："可以托六尺之孤，可以寄百里之命，临大节而不可夺也，君子人与？君子人也。"

7. 曾子曰："士不可以不弘毅，任重而道远。仁以为己任，不亦重乎？死而后已，不亦远乎？"

8. 子曰："兴于《诗》，立于礼，成于乐。"

9. 子曰："民可使由之，不可使知之。"

10. 子曰："好勇疾贫，乱也。人而不仁，疾之已甚，乱也。"

11. 子曰："如有周公之才之美，使骄且吝，其余不足观也已。"

12. 子曰："三年学，不至于谷，不易得也。"

13. 子曰："笃信好学，守死善道。危邦不入，乱邦不居。天下有道则见，无道则隐。邦有道，贫且贱焉，耻也。邦无道，富且贵焉，耻也。"

14. 子曰："不在其位，不谋其政。"

15. 子曰："师挚之始，《关雎》之乱，洋洋乎盈耳哉。"

16. 子曰："狂而不直，侗而不愿，悾悾而不信，吾不知之矣。"

17. 子曰："学如不及，犹恐失之。"

18. 子曰："巍巍乎，舜、禹之有天下也，而不与焉。"

19. 子曰："大哉！尧之为君也！巍巍乎！唯天为大，唯尧则之。荡荡乎！民无能名焉。巍巍乎！其有成功也！焕乎！其有文章！"

20. 舜有臣五人，而天下治。武王曰："予有乱臣十人。"孔子曰："才难！不其然乎？唐虞之际，于斯为盛，有妇人焉，九人而已。三分天下有其二，以服事殷，周之德，其可谓至德也已矣。"

21. 子曰："禹，吾无间然矣。菲饮食，而致孝乎鬼神；恶衣服，而致美乎黻冕；卑宫室，而尽力乎沟洫。禹，吾无间然矣！"

子罕第九

朱熹:凡三十章。

1. 子罕言利,与命,与仁。

2. 达巷党人曰:“大哉孔子!博学而无所成名。”子闻之,谓门弟子曰:“吾何执?执御乎?执射乎?吾执御矣。”

3. 子曰:“麻冕,礼也;今也纯,俭。吾从众。拜下,礼也;今拜乎上,泰也。虽违众,吾从下。”

4. 子绝四:毋意,毋必,毋固,毋我。

5. 子畏于匡。曰:“文王既没,文不在兹乎?天之将丧斯文也,后死者不得与于斯文也;天之未丧斯文也,匡人其如予何?”

6. 大宰问于子贡曰:“夫子圣者与?何其多能也?”子贡曰:“固天纵之将圣,又多能也。”子闻之,曰:“大宰知我乎?吾少也贱,故多能鄙事。君子多乎哉?不多也!”

牢曰:“子云‘吾不试,故艺’。”

7. 子曰:“吾有知乎哉?无知也。有鄙夫问于我,空空如也;我叩其两端而竭焉。”

8. 子曰:“凤鸟不至,河不出图,吾已矣夫!”

9. 子见齐衰者、冕衣裳者,与瞽者,见之虽少必作;过之必趋。

10. 颜渊喟然叹曰:“仰之弥高,钻之弥坚,瞻之在前,忽焉在后!夫子循循然善诱人,博我以文,约我以礼。欲罢不能。既竭吾才,如有所立,卓尔;虽欲从之,末由也已!”

11. 子疾病,子路使门人为臣。病间,曰:“久矣哉,由之行诈也!无臣而为有臣,吾谁欺?欺天乎?且予与其死于臣之手也,无宁死于二三子之手乎!且予纵不得大葬,予死于道路乎?”

12. 子贡曰:“有美玉于斯,韫椟而藏诸?求善贾而沽诸?”子曰:“沽之哉!沽之哉!我待贾者也!”

13. 子欲居九夷。或曰:“陋,如之何?”子曰:“君子居之,何陋之有!”

14. 子曰:“吾自卫反鲁,然后乐正,《雅》、《颂》各得其所。”

15. 子曰:“出则事公卿,入则事父兄,丧事不敢不勉,不为酒困,何有于我哉!”

16. 子在川上曰:“逝者如斯夫!不舍昼夜。”

17. 子曰:“吾未见好德如好色者也。”

18. 子曰:“譬如为山,未成一篑,止,吾止也。譬如平地,虽覆一篑,进,吾往也。”

19. 子曰:“语之而不惰者,其回也与?”

20. 子谓颜渊曰:“惜乎!吾见其进也,未见其止也!”

21. 子曰:“苗而不秀者,有矣夫!秀而不实者,有矣夫!”

22. 子曰:“后生可畏,焉知来者之不如今也?四十、五十而无闻焉,斯亦不足畏也已!”

23. 子曰:“法语之言,能无从乎?改之为贵。巽与之言,能无说乎?绎之为贵。说而不绎,从而不改,吾末如之何也已矣!”

24. 子曰:“主忠信,毋友不如己者。过则勿惮改。”

25. 子曰:“三军可夺帅也,匹夫不可夺志也。”

26. 子曰:“衣敝缊袍,与衣狐貉者立,而不耻者,其由也与!‘不忮不求,何用不臧?’”子路终身诵之。子曰:“是道也,何足以臧?”

27. 子曰:“岁寒,然后知松柏之后雕也。”

28. 子曰:“知者不惑,仁者不忧,勇者不惧。”

29. 子曰:“可与共学,未可与适道;可与适道,未可与立;可与立,未可与权。”

30. “唐棣之华,偏其反而。岂不尔思?室是远而。”子曰:“未之思也,夫何远之有?”

乡党第十

朱熹：旧说凡一章。今分为十八节。

1. 孔子于乡党，恂恂如也，似不能言者。其在宗庙朝廷，便便言；唯谨尔。

2. 朝，与下大夫言，侃侃如也；与上大夫言，訚訚如也。君在，踧踖如也，与与如也。

3. 君召使摈，色勃如也。足躩如也。揖所与立，左右手，衣前后，襜如也。趋进，翼如也。宾退，必复命，曰："宾不顾矣。"

4. 入公门，鞠躬如也，如不容。立不中门，行不履阈。过位，色勃如也，足躩如也，其言似不足者。摄齐升堂，鞠躬如也，屏气似不息者。出，降一等，逞颜色，怡怡如也。没阶，趋进，翼如也。复其位，踧踖如也。

5. 执圭，鞠躬如也，如不胜。上如揖，下如授。勃如战色，足蹜蹜，如有循。享礼，有容色；私觌，愉愉如也。

6. 君子不以绀緅饰。红紫不以为亵服。当暑，袗絺绤，必表而出之。缁衣羔裘，素衣麑裘，黄衣狐裘。亵裘长，短右袂。必有寝衣，长一身有半。狐貉之厚，以居。去丧，无所不佩。非帷裳，必杀之。羔裘玄冠，不以吊。吉月，必朝服而朝。

7. 齐，必有明衣，布；齐必变食，居必迁坐。

8. 食不厌精，脍不厌细。食饐而餲，鱼馁而肉败，不食。色恶，不食。臭恶，不食。失饪，不食。不时，不食。割不正，不食。不得其酱，不食。肉虽多，不使胜食气。唯酒无量，不及乱。沽酒、市脯，不食。不撤姜食，不多食。

祭于公，不宿肉。祭肉，不出三日；出三日，不食之矣。

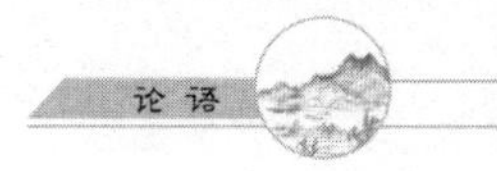

食不语,寝不言。虽疏食、菜羹、瓜祭,必齐如也。

9. 席不正,不坐。

10. 乡人饮酒,杖者出,斯出矣。

乡人傩,朝服而立于阼阶。

11. 问人于他邦,再拜而送之。

康子馈药,拜而受之。曰:“丘未达,不敢尝。”

12. 厩焚。子退朝,曰:“伤人乎?”不问马。

13. 君赐食,必正席先尝之。君赐腥,必熟而荐之。君赐生,必畜之。侍食于君,君祭,先饭。

疾,君视之,东首,加朝服,拖绅。

君命召,不俟驾行矣。

14. 入太庙,每事问。

15. 朋友死,无所归,曰:“于我殡。”

朋友之馈,虽车马,非祭肉,不拜。

16. 寝不尸,居不容。

见齐衰者,虽狎必变。见冕者与瞽者,虽亵必以貌。凶服者,式之。式负版者。有盛馔,必变色而作。迅雷、风烈,必变。

17. 升车,必正立,执绥。车中不内顾,不疾言,不亲指。

18. 色斯举矣,翔而后集。曰:“山梁雌雉,时哉,时哉!”子路共之,三嗅而作。

先进第十一

朱熹:此篇多评弟子贤否。凡二十五章。

1. 子曰:“先进于礼乐,野人也;后进于礼乐,君子也。如用之,则吾从先进。”

2. 子曰:“从我于陈、蔡者,皆不及门也。”

德行:颜渊、闵子骞、冉伯牛、仲弓;言语:宰我、子贡;政事:冉有、季路;文学:子游、子夏。

3. 子曰:“回也,非助我者也! 于吾言,无所不说。”

4. 子曰:“孝哉,闵子骞! 人不间于其父母昆弟之言。”

5. 南容三复“白圭”,孔子以其兄之子妻之。

6. 季康子问:“弟子孰为好学?”孔子对曰:“有颜回者好学,不幸短命死矣! 今也则亡。”

7. 颜渊死,颜路请子之车以为之椁。子曰:“才不才,亦各言其子也。鲤也死,有棺而无椁;吾不徒行,以为之椁。以吾从大夫之后,不可徒行也。”

8. 颜渊死,子曰:“噫! 天丧予! 天丧予!”

9. 颜渊死,子哭之恸。从者曰:“子恸矣!”曰:“有恸乎? 非夫人之为恸而谁为?”

10. 颜渊死,门人欲厚葬之。子曰:“不可。”门人厚葬之。子曰:“回也,视予犹父也,予不得视犹子也。非我也,夫二三子也。”

11. 季路问事鬼神。子曰:“未能事人,焉能事鬼?”曰:“敢问死。”曰:“未知生,焉知死?”

12. 闵子侍侧,訚訚如也;子路,行行如也;冉有、子贡,侃侃如也。子乐。“若由也,不得其死然。”

13. 鲁人为长府。闵子骞曰:“仍旧贯,如之何? 何必改作!”子曰:“夫人不言,言必有中。”

14. 子曰:“由之瑟,奚为于丘之门?”门人不敬子路。子曰:“由也,升堂矣,未入于室也。”

15. 子贡问:“师与商也孰贤?”子曰:“师也过,商也不及。”曰:“然则师愈与?”子曰:“过犹不及。”

16. 季氏富于周公,而求也为之聚敛而附益之。子曰:“非吾徒也,小子鸣鼓而攻之可也!”

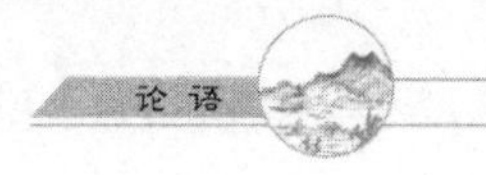

17. 柴也愚，参也鲁，师也辟，由也喭。

18. 子曰："回也，其庶乎！屡空。赐不受命，而货殖焉，亿则屡中。"

19. 子张问善人之道。子曰："不践迹，亦不入于室。"

20. 子曰："论笃是与。君子者乎？色庄者乎？"

21. 子路问："闻斯行诸？"子曰："有父兄在，如之何其闻斯行之？"冉有问："闻斯行诸？"子曰："闻斯行之。"公西华曰："由也问：'闻斯行诸？'子曰：'有父兄在。'求也问：'闻斯行诸？'子曰：'闻斯行之！'赤也惑，敢问。"子曰："求也退，故进之；由也兼人，故退之。"

22. 子畏于匡，颜渊后。子曰："吾以女为死矣！"曰："子在，回何敢死？"

23. 季子然问："仲由、冉求，可谓大臣与？"子曰："吾以子为异之问，曾由与求之问！所谓大臣者，以道事君，不可则止；今由与求也，可谓具臣矣。"曰："然则从之者与？"子曰："弑父与君，亦不从也。"

24. 子路使子羔为费宰。子曰："贼夫人之子！"子路曰："有民人焉，有社稷焉。何必读书，然后为学？"子曰："是故恶夫佞者。"

25. 子路、曾皙、冉有、公西华侍坐。

子曰："以吾一日长乎尔，毋吾以也。居则曰：'不吾知也！'如或知尔，则何以哉？"

子路率尔而对曰："千乘之国，摄乎大国之间，加之以师旅，因之以饥馑。由也为之，比及三年，可使有勇，且知方也。"夫子哂之。

"求，尔何如？"对曰："方六七十，如五六十，求也为之，比及三年，可使足民。如其礼乐，以俟君子。"

"赤，尔何如？"对曰："非曰能之，愿学焉。宗庙之事，如会同，端章甫，愿为小相焉。"

"点，尔何如？"鼓瑟希，铿尔，舍瑟而作。对曰："异乎三子者之撰。"子曰："何伤乎？亦各言其志也。"曰："莫春者，春服既成。冠者五六人，童子六七人，浴乎沂，风乎舞雩，咏而归。"夫子喟然叹曰："吾与点也！"

三子者出，曾皙后。曾皙曰："夫三子者之言何如？"子曰："亦各言其志也已矣。”曰:“夫子何哂由也?”曰:“为国以礼,其言不让,是故哂之。”“唯求则非邦也与?”“安见方六七十,如五六十,而非邦也者?”“唯赤则非邦也与?”“宗庙会同,非诸侯而何? 赤也为之小,孰能为之大?”

颜渊第十二

朱熹:凡二十四章。

1.颜渊问仁。子曰:“克己复礼为仁。一日克己复礼,天下归仁焉。为仁由己,而由人乎哉?”颜渊曰:“请问其目。”子曰:“非礼勿视,非礼勿听,非礼勿言,非礼勿动。”颜渊曰:“回虽不敏,请事斯语矣。”

2.仲弓问仁。子曰:“出门如见大宾,使民如承大祭。己所不欲,勿施于人。在邦无怨,在家无怨。”仲弓曰:“雍虽不敏,请事斯语矣!”

3.司马牛问仁。子曰:“仁者,其言也讱。”曰:“其言也讱,斯谓之仁已乎?”子曰:“为之难,言之得无讱乎?”

4.司马牛问君子。子曰:“君子不忧不惧。”曰:“不忧不惧,斯谓之君子已乎?”子曰:“内省不疚,夫何忧何惧?”

5.司马牛忧曰:“人皆有兄弟,我独亡!”子夏曰:“商闻之矣:‘死生有命,富贵在天。’君子敬而无失,与人恭而有礼,四海之内,皆兄弟也。君子何患乎无兄弟也?”

6.子张问明。子曰:“浸润之谮,肤受之愬,不行焉,可谓明也已矣。浸润之谮,肤受之愬,不行焉,可谓远也已矣。”

7.子贡问政。子曰:“足食,足兵,民信之矣。”子贡曰:“必不得已而去,于斯三者何先?”曰:“去兵。”子贡曰:“必不得已而去,于斯二者何先?”曰:“去食。自古皆有死,民无信不立。”

8.棘子成曰:“君子质而已矣,何以文为?”子贡曰:“惜乎,夫子之说君子也! 驷不及舌。文犹质也,质犹文也。虎豹之鞟,犹犬羊之鞟。”

9. 哀公问于有若曰："年饥,用不足,如之何?"有若对曰："盍彻乎?"曰："二,吾犹不足,如之何其彻也?"对曰："百姓足,君孰与不足? 百姓不足,君孰与足?"

10. 子张问崇德、辨惑。子曰："主忠信,徙义,崇德也。爱之欲其生,恶之欲其死。既欲其生,又欲其死,是惑也!'诚不以富,亦只以异。'"

案:"诚不以富,亦只以异"是《诗经·小雅·我行其野》的诗句,引在这里很突兀。朱熹认为是错简,应该移至《季氏》篇第十二章。

11. 齐景公问政于孔子。孔子对曰："君君、臣臣、父父、子子。"公曰："善哉!信如君不君、臣不臣、父不父、子不子,虽有粟,吾得而食诸?"

12. 子曰："片言可以折狱者,其由也与!"子路无宿诺。

13. 子曰："听讼,吾犹人也。必也使无讼乎!"

14. 子张问政。子曰："居之无倦;行之以忠。"

15. 子曰："博学于文,约之以礼,亦可以弗畔矣夫!"

16. 子曰："君子成人之美,不成人之恶。小人反是。"

17. 季康子问政于孔子,孔子对曰："政者,正也。子帅以正,孰敢不正?"

18. 季康子患盗,问于孔子。孔子对曰："苟子之不欲,虽赏之不窃。"

19. 季康子问政于孔子曰："如杀无道,以就有道,何如?"孔子对曰："子为政,焉用杀? 子欲善而民善矣。君子之德,风;小人之德,草。草上之风,必偃。"

20. 子张问："士何如,斯可谓之达矣?"子曰："何哉,尔所谓达者?"子张对曰："在邦必闻,在家必闻。"子曰："是闻也,非达也。夫达也者,质直而好义,察言而观色,虑以下人。在邦必达,在家必达。夫闻也者,色取仁而行违,居之不疑。在邦必闻,在家必闻。"

21. 樊迟从游于舞雩之下。曰："敢问崇德、修慝、辨惑?"子曰："善哉问！先事后得，非崇德与？攻其恶，无攻人之恶，非修慝与？一朝之忿，忘其身以及其亲，非惑与？”

22. 樊迟问仁。子曰：“爱人。”问知。子曰：“知人。”樊迟未达。子曰：“举直错诸枉，能使枉者直。”樊迟退，见子夏，曰：“乡也吾见于夫子而问知，子曰：‘举直错诸枉，能使枉者直’，何谓也？”子夏曰：“富哉言乎！舜有天下，选于众，举皋陶，不仁者远矣。汤有天下，选于众，举伊尹，不仁者远矣。”

23. 子贡问友。子曰：“忠告而善道之。不可则止，毋自辱焉。”

24. 曾子曰：“君子以文会友，以友辅仁。”

子路第十三

朱熹：凡三十章。

1. 子路问政。子曰：“先之，劳之。”请益，曰：“无倦。”

2. 仲弓为季氏宰，问政。子曰：“先有司，赦小过，举贤才。”曰：“焉知贤才而举之？”子曰：“举尔所知。尔所不知，人其舍诸？”

3. 子路曰：“卫君待子而为政，子将奚先？”子曰：“必也正名乎！”子路曰：“有是哉，子之迂也！奚其正？”子曰：“野哉，由也！君子于其所不知，盖阙如也。名不正，则言不顺；言不顺，则事不成；事不成，则礼乐不兴；礼乐不兴，则刑罚不中；刑罚不中，则民无所措手足。故君子名之必可言也，言之必可行也。君子于其言，无所苟而已矣！”

4. 樊迟请学稼。子曰：“吾不如老农。”请学为圃。曰：“吾不如老圃。”樊迟出。子曰：“小人哉，樊须也！上好礼，则民莫敢不敬；上好义，则民莫敢不服；上好信，则民莫敢不用情。夫如是，则四方之民，襁负其子而至矣，焉用稼？”

5. 子曰：“诵《诗》三百，授之以政，不达；使于四方，不能专对；虽多，亦奚以为?”

6. 子曰:“其身正,不令而行;其身不正,虽令不从。”

7. 子曰:“鲁、卫之政,兄弟也。”

8. 子谓卫公子荆:“善居室。始有,曰:‘苟合矣。’少有,曰:‘苟完矣。’富有,曰:‘苟美矣。’”

9. 子适卫,冉有仆。子曰:“庶矣哉!”冉有曰:“既庶矣,又何加焉?”曰:“富之。”曰:“既富矣,又何加焉?”曰:“教之。”

10. 子曰:“苟有用我者,期月而已可也,三年有成。”

11. 子曰:“‘善人为邦百年,亦可以胜残去杀矣。’诚哉是言也!”

12. 子曰:“如有王者,必世而后仁。”

13. 子曰:“苟正其身矣,于从政乎何有? 不能正其身,如正人何?”

14. 冉子退朝,子曰:“何晏也?”对曰:“有政。”子曰:“其事也。如有政,虽不吾以,吾其与闻之。”

15. 定公问:“一言而可以兴邦,有诸?”孔子对曰:“言不可以若是。其幾也,人之言曰:‘为君难,为臣不易。’如知为君之难也,不几乎一言而兴邦乎?”曰:“一言而丧邦,有诸?”孔子对曰:“言不可以若是。其几也,人之言曰:‘予无乐乎为君,唯其言而莫予违也。’如其善而莫之违也,不亦善乎? 如不善而莫之违也,不几乎一言而丧邦乎?”

16. 叶公问政。子曰:“近者说,远者来。”

17. 子夏为莒父宰,问政。子曰:“无欲速,无见小利。欲速,则不达;见小利,则大事不成。”

18. 叶公语孔子曰:“吾党有直躬者:其父攘羊,而子证之。”孔子曰:“吾党之直者异于是。父为子隐,子为父隐,直在其中矣。”

19. 樊迟问仁。子曰:“居处恭,执事敬,与人忠。虽之夷狄,不可弃也。”

20. 子贡问曰:“何如斯可谓之士矣?”子曰:“行己有耻,使于四方,不辱君命,可谓士矣。”曰:“敢问其次?”曰:“宗族称孝焉,乡党称弟焉。”曰:“敢问其次?”曰:“言必信,行必果。硁硁然小人哉! 抑亦可以为次矣。”曰:“今之从政者何如?”子曰:“噫!斗筲之人,何足算也!”

21.子曰:“不得中行而与之,必也狂狷乎!狂者进取,狷者有所不为也。”

22.子曰:“南人有言曰:‘人而无恒,不可以作巫医。’善夫!”“不恒其德,或承之羞。”子曰:“不占而已矣。”

23.子曰:“君子和而不同;小人同而不和。”

24.子贡问曰:“乡人皆好之,何如?”子曰:“未可也。”“乡人皆恶之,何如?”子曰:“未可也。不如乡人之善者好之,其不善者恶之。”

25.子曰:“君子易事而难说也:说之不以道,不说也;及其使人也,器之。小人难事而易说也:说之虽不以道,说也;及其使人也,求备焉。”

26.子曰:“君子泰而不骄,小人骄而不泰。”

27.子曰:“刚、毅、木、讷,近仁。”

28.子路问曰:“何如斯可谓之士矣?”子曰:“切切、偲偲、怡怡如也,可谓士矣。朋友切切偲偲,兄弟怡怡。”

29.子曰:“善人教民七年,亦可以即戎矣。”

30.子曰:“以不教民战,是谓弃之。”

宪问第十四

朱熹:胡氏曰:“此篇疑原宪所记。”凡四十七章。

1.宪问耻。子曰:“邦有道,榖;邦无道,榖,耻也。”

2.“克、伐、怨、欲,不行焉,可以为仁矣?”子曰:“可以为难矣。仁,则吾不知也。”

3.子曰:“士而怀居,不足以为士矣!”

4.子曰:“邦有道,危言,危行;邦无道,危行,言孙。”

5.子曰:“有德者,必有言;有言者,不必有德。仁者,必有勇;勇者,不必有仁。”

6. 南宫适问于孔子曰:“羿善射,奡荡舟,俱不得其死然。禹稷躬稼而有天下。”夫子不答。南宫适出,子曰:“君子哉若人!尚德哉若人!”

7. 子曰:“君子而不仁者有矣夫,未有小人而仁者也!”

8. 子曰:“爱之,能勿劳乎?忠焉,能勿诲乎?”

9. 子曰:“为命,裨谌草创之,世叔讨论之,行人子羽修饰之,东里子产润色之。”

10. 或问子产。子曰:“惠人也。”问子西。曰:“彼哉,彼哉!”问管仲。曰:“人也,夺伯氏骈邑三百,饭疏食,没齿无怨言。”

11. 子曰:“贫而无怨难,富而无骄易。”

12. 子曰:“孟公绰,为赵、魏老则优,不可以为滕、薛大夫。”

13. 子路问成人。子曰:“若臧武仲之知,公绰之不欲,卞庄子之勇,冉求之艺,文之以礼乐,亦可以为成人矣!”曰:“今之成人者,何必然?见利思义,见危授命,久要不忘平生之言,亦可以为成人矣!”

14. 子问公叔文子于公明贾,曰:“信乎?夫子不言、不笑、不取乎?”公明贾对曰:“以告者过也。夫子时然后言,人不厌其言;乐然后笑,人不厌其笑;义然后取,人不厌其取。”子曰:“其然?岂其然乎?”

15. 子曰:“臧武仲以防求为后于鲁,虽曰不要君,吾不信也。”

16. 子曰:“晋文公谲而不正,齐桓公正而不谲。”

17. 子路曰:“桓公杀公子纠,召忽死之,管仲不死。”曰:“未仁乎?”子曰:“桓公九合诸侯,不以兵车,管仲之力也。如其仁!如其仁!”

18. 子贡曰:“管仲非仁者与?桓公杀公子纠,不能死,又相之。”子曰:“管仲相桓公,霸诸侯,一匡天下,民到于今受其赐。微管仲,吾其被发左衽矣!岂若匹夫匹妇之为谅也,自经于沟渎而莫之知也!”

19. 公叔文子之臣大夫僎,与文子同升诸公。子闻之曰:“可以为文矣!”

20. 子言卫灵公之无道也,康子曰:“夫如是,奚而不丧?”孔子曰:“仲叔圉治宾客,祝鮀治宗庙,王孙贾治军旅。夫如是,奚其丧?”

21. 子曰:“其言之不怍,则为之也难!”

22. 陈成子弑简公。孔子沐浴而朝,告于哀公曰:“陈恒弑其君,请讨之。”公曰:“告夫三子。”孔子曰:“以吾从大夫之后,不敢不告也!君曰‘告夫三子’者!”之三子告,不可。孔子曰:“以吾从大夫之后,不敢不告也。”

23. 子路问事君。子曰:“勿欺也,而犯之。”

24. 子曰:“君子上达,小人下达。”

25. 子曰:“古之学者为己,今之学者为人。”

26. 蘧伯玉使人于孔子。孔子与之坐,而问焉。曰:“夫子何为?”对曰:“夫子欲寡其过而未能也。”使者出。子曰:“使乎!使乎!”

27. 子曰:“不在其位,不谋其政。”

28. 曾子曰:“君子思不出其位。”

29. 子曰:“君子耻其言而过其行。”

30. 子曰:“君子道者三,我无能焉:仁者不忧,知者不惑,勇者不惧。”子贡曰:“夫子自道也!”

31. 子贡方人。子曰:“赐也贤乎哉?夫我则不暇!”

32. 子曰:“不患人之不己知,患其不能也。”

33. 子曰:“不逆诈,不亿不信,抑亦先觉者,是贤乎!”

34. 微生亩谓孔子曰:“丘何为是栖栖者与?无乃为佞乎?”孔子曰:“非敢为佞也,疾固也。”

35. 子曰:“骥不称其力,称其德也。”

36. 或曰:“以德报怨,何如?”子曰:“何以报德?以直报怨,以德报德。”

37. 子曰:“莫我知也夫!”子贡曰:“何为其莫知子也?”子曰:“不怨天,不尤人,下学而上达。知我者,其天乎!”

38. 公伯寮愬子路于季孙,子服景伯以告,曰:“夫子固有惑志于公伯寮,吾力犹能肆诸市朝。”子曰:“道之将行也与?命也。道之将废也与?命也。公伯寮其如命何!”

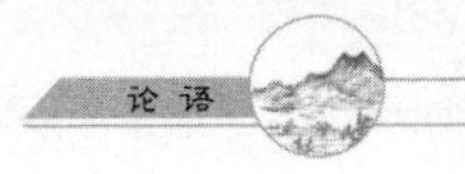

39. 子曰："贤者辟世，其次辟地，其次辟色，其次辟言。"

40. 子曰："作者七人矣！"

41. 子路宿于石门。晨门曰："奚自？"子路曰："自孔氏。"曰："是知其不可而为之者与？"

42. 子击磬于卫。有荷蒉而过孔氏之门者，曰："有心哉，击磬乎！"既而曰："鄙哉，硁硁乎！莫己知也，斯己而已矣！'深则厉，浅则揭。'"子曰："果哉！末之难矣！"

43. 子张曰："《书》云：'高宗谅阴，三年不言。'何谓也？"子曰："何必高宗？古之人皆然。君薨，百官总己以听于冢宰三年。"

44. 子曰："上好礼，则民易使也。"

45. 子路问君子。子曰："修己以敬。"曰："如斯而已乎？"曰："修己以安人。"曰："如斯而已乎？"曰："修己以安百姓。修己以安百姓，尧、舜其犹病诸！"

46. 原壤夷俟。子曰："幼而不孙弟，长而无述焉，老而不死，是为贼。"以杖叩其胫。

47. 阙党童子将命。或问之曰："益者与？"子曰："吾见其居于位也，见其与先生并行也。非求益者也，欲速成者也。"

卫灵公第十五

朱熹：凡四十一章。

1. 卫灵公问陈于孔子。孔子对曰："俎豆之事，则尝闻之矣；军旅之事，未之学也。"明日遂行。

在陈绝粮，从者病，莫能兴。子路愠见曰："君子亦有穷乎？"子曰："君子固穷，小人穷斯滥矣。"

2. 子曰："赐也，女以予为多学而识之者与？"对曰："然。非与？"曰：

“非也！予一以贯之。”

3. 子曰：“由，知德者鲜矣！”

4. 子曰：“无为而治者，其舜也与！夫何为哉？恭己正南面而已矣。”

5. 子张问行。子曰：“言忠信，行笃敬，虽蛮貊之邦行矣；言不忠信，行不笃敬，虽州里行乎哉？立，则见其参于前也；在舆，则见其倚于衡也。夫然后行！”子张书诸绅。

6. 子曰：“直哉，史鱼！邦无道，如矢；邦无道，如矢。君子哉，蘧伯玉！邦有道，则仕；邦无道，则可卷而怀之。”

7. 子曰：“可与言，而不与之言，失人；不可与言，而与之言，失言。知者不失人，亦不失言。”

8. 子曰：“志士仁人，无求生以害仁，有杀身以成仁。”

9. 子贡问为仁。子曰：“工欲善其事，必先利其器。居是邦也，事其大夫之贤者，友其士之仁者。”

10. 颜渊问为邦。子曰：“行夏之时，乘殷之辂，服周之冕，乐则《韶》舞。放郑声，远佞人。郑声淫，佞人殆。”

11. 子曰：“人无远虑，必有近忧。”

12. 子曰：“已矣乎！吾未见好德如好色者也。”

13. 子曰：“臧文仲，其窃位者与？知柳下惠之贤，而不与立也。”

14. 子曰：“躬自厚而薄责于人，则远怨矣。”

15. 子曰：“不曰‘如之何，如之何’者，吾末如之何也已矣。”

16. 子曰：“群居终日，言不及义，好行小慧，难矣哉！”

17. 子曰：“君子义以为质，礼以行之，孙以出之，信以成之。君子哉！”

18. 子曰：“君子病无能焉，不病人之不己知也。”

19. 子曰：“君子疾没世而名不称焉。”

20. 子曰：“君子求诸己，小人求诸人。”

21. 子曰：“君子矜而不争，群而不党。”

22. 子曰:“君子不以言举人,不以人废言。”

23. 子贡问曰:“有一言而可以终身行之者乎?”子曰:“其‘恕’乎!己所不欲,勿施于人。”

24. 子曰:“吾之于人也,谁毁谁誉?如有所誉者,其有所试矣。斯民也,三代之所以直道而行也。”

25. 子曰:“吾犹及史之阙文也。有马者,借人乘之。今亡矣夫!”

26. 子曰:“巧言乱德。小不忍,则乱大谋。”

27. 子曰:“众恶之,必察焉;众好之,必察焉。”

28. 子曰:“人能弘道,非道弘人。”

29. 子曰:“过而不改,是谓过矣。”

30. 子曰:“吾尝终日不食,终夜不寝,以思,无益。不如学也。”

31. 子曰:“君子谋道不谋食。耕也,馁在其中矣;学也,禄在其中矣。君子忧道不忧贫。”

32. 子曰:“知及之,仁不能守之;虽得之,必失之。知及之,仁能守之;不庄以莅之,则民不敬。知及之,仁能守之,庄以莅之;动之不以礼,未善也。”

33. 子曰:“君子不可小知,而可大受也;小人不可大受,而可小知也。”

34. 子曰:“民之于仁也,甚于水火。水火,吾见蹈而死者矣;未见蹈仁而死者也。”

35. 子曰:“当仁,不让于师。”

36. 子曰:“君子贞而不谅。”

37. 子曰:“事君,敬其事而后其食。”

38. 子曰:“有教无类。”

39. 子曰:“道不同,不相为谋。”

40. 子曰:“辞,达而已矣!”

41. 师冕见。及阶,子曰:“阶也!”及席,子曰:“席也!”皆坐,子告之曰:“某在斯!某在斯!”师冕出,子张问曰:“与师言之道与?”子曰:

“然,固相师之道也。”

季氏第十六

朱熹:凡十四章。

1. 季氏将伐颛臾。冉有、季路见于孔子,曰:“季氏将有事于颛臾。”孔子曰:“求,无乃尔是过与? 夫颛臾,昔者先王以为东蒙主,且在邦域之中矣,是社稷之臣也。何以伐为?”冉有曰:“夫子欲之,吾二臣者,皆不欲也。”孔子曰:“求! 周任有言曰:‘陈力就列,不能者止。’危而不持,颠而不扶,则将焉用彼相矣? 且尔言过矣! 虎兕出于柙,龟玉毁于椟中,是谁之过与?”冉有曰:“今夫颛臾,固而近于费。今不取,后世必为子孙忧。”孔子曰:“求! 君子疾夫舍曰欲之而必为之辞。丘也闻:有国有家者,不患寡而患不均,不患贫而患不安;盖均无贫,和无寡,安无倾。夫如是,故远人不服,则修文德以来之。既来之,则安之。今由与求也,相夫子,远人不服而不能来也,邦分崩离析,而不能守也,而谋动干戈于邦内,吾恐季孙之忧,不在颛臾,而在萧墙之内也!”

2. 孔子曰:“天下有道,则礼乐征伐,自天子出;天下无道,则礼乐征伐,自诸侯出。自诸侯出,盖十世希不失矣;自大夫出,五世希不失矣;陪臣执国命,三世希不失矣。天下有道,则政不在大夫。天下有道,则庶人不议。”

3. 孔子曰:“禄之去公室,五世矣。政逮于大夫,四世矣。故夫三桓之子孙微矣。”

4. 孔子曰:“益者三友,损者三友。友直,友谅,友多闻,益矣。友便辟,友善柔,友便佞,损矣。”

5. 孔子曰:“益者三乐,损者三乐。乐节礼乐,乐道人之善,乐多贤友,益矣。乐骄乐,乐佚游,乐宴乐,损矣。”

6. 孔子曰：“侍于君子有三愆：言未及之而言，谓之躁；言及之而不言，谓之隐；未见颜色而言，谓之瞽。”

7. 孔子曰：“君子有三戒：少之时，血气未定，戒之在色；及其壮也，血气方刚，戒之在斗；及其老也，血气既衰，戒之在得。”

8. 孔子曰：“君子有三畏：畏天命，畏大人，畏圣人之言。小人不知天命而不畏也，狎大人，侮圣人之言。”

9. 孔子曰：“生而知之者，上也；学而知之者，次也；困而学之，又其次也。困而不学，民斯为下矣！”

10. 孔子曰：“君子有九思：视思明，听思聪，色思温，貌思恭，言思忠，事思敬，疑思问，忿思难，见得思义。”

11. 孔子曰：“见善如不及，见不善如探汤。吾见其人矣，吾闻其语矣。隐居以求其志，行义以达其道。吾闻其语矣，未见其人也。”

12. 齐景公有马千驷，死之日，民无德而称焉。伯夷、叔齐饿于首阳之下，民到于今称之。其斯之谓与？

案：朱熹认为，《颜渊》篇第十章末尾所引用的“诚不以富，亦只以异”，应该移至这条语录的末尾。

13. 陈亢问于伯鱼曰：“子亦有异闻乎？”对曰：“未也。尝独立，鲤趋而过庭，曰：‘学《诗》乎？’对曰：‘未也。’‘不学《诗》，无以言。’鲤退而学《诗》。他日，又独立，鲤趋而过庭，曰：‘学《礼》乎？’对曰：‘未也。’‘不学《礼》，无以立。’鲤退而学《礼》。闻斯二者。”陈亢退而喜曰：“问一得三：闻《诗》，闻《礼》，又闻君子之远其子也。”

14. 邦君之妻，君称之曰夫人；夫人自称曰小童；邦人称之曰君夫人，称诸异邦曰寡小君；异邦人称之，亦曰君夫人。

阳货第十七

朱熹：凡二十六章。

1. 阳货欲见孔子，孔子不见。归孔子豚。孔子时其亡也，而往拜之。遇诸涂。谓孔子曰："来！予与尔言。"曰："怀其宝而迷其邦，可谓仁乎？"曰："不可。好从事而亟失时，可谓知乎？"曰："不可。日月逝矣，岁不我与。"孔子曰："诺，吾将仕矣。"

2. 子曰："性相近也，习相远也。"

3. 子曰："唯上知与下愚，不移。"

4. 子之武城，闻弦歌之声。夫子莞尔而笑，曰："割鸡焉用牛刀？"子游对曰："昔者，偃也闻诸夫子曰：'君子学道则爱人，小人学道则易使也。'"子曰："二三子！偃之言是也。前言戏之耳！"

5. 公山弗扰以费畔，召，子欲往。子路不说，曰："末之也已。何必公山氏之之也？"子曰："夫召我者，而岂徒哉？如有用我者，吾其为东周乎！"

6. 子张问仁于孔子。孔子曰："能行五者于天下，为仁矣。""请问之？"曰："恭、宽、信、敏、惠。恭则不侮，宽则得众，信则人任焉，敏则有功，惠则足以使人。"

7. 佛肸召，子欲往。子路曰："昔者，由也闻诸夫子曰：'亲于其身为不善者，君子不入也。'佛肸以中牟畔，子之往也，如之何？"子曰："然，有是言也。不曰坚乎？磨而不磷；不曰白乎？涅而不缁。吾岂匏瓜也哉？焉能系而不食！"

8. 子曰："由也，女闻六言六蔽矣乎？"对曰："未也。""居！吾语女。好仁不好学，其蔽也愚；好知不好学，其蔽也荡；好信不好学，其蔽也贼；好直不好学，其蔽也绞；好勇不好学，其蔽也乱；好刚不好学，其蔽也狂。”

9. 子曰：“小子！何莫学夫《诗》？《诗》，可以兴，可以观，可以群，可以怨。迩之事父，远之事君。多识于鸟、兽、草、木之名。”

10. 子谓伯鱼曰：“女为《周南》、《召南》矣乎？人而不为《周南》、《召南》，其犹正墙面而立也与？”

11. 子曰：“礼云礼云，玉帛云乎哉？乐云乐云，钟鼓云乎哉？”

12. 子曰：“色厉而内荏，譬诸小人，其犹穿窬之盗也与！”

13. 子曰：“乡原，德之贼也！”

14. 子曰：“道听而涂说，德之弃也！”

15. 子曰：“鄙夫可与事君也与哉？其未得之也，患得之；既得之，患失之。苟患失之，无所不至矣。”

16. 子曰：“古者民有三疾，今也或是之亡也。古之狂也肆，今之狂也荡；古之矜也廉，今之矜也忿戾；古之愚也直，今之愚也诈而已矣。”

17. 子曰：“巧言令色，鲜矣仁。”

18. 子曰：“恶紫之夺朱也。恶郑声之乱雅乐也。恶利口之覆邦家者。”

19. 子曰：“予欲无言。”子贡曰：“子如不言，则小子何述焉？”子曰：“天何言哉？四时行焉，百物生焉。天何言哉？”

20. 孺悲欲见孔子，孔子辞以疾。将命者出户，取瑟而歌，使之闻之。

21. 宰我问：“三年之丧，期已久矣！君子三年不为礼，礼必坏；三年不为乐，乐必崩。旧谷既没，新谷既升，钻燧改火，期可已矣。”子曰：“食夫稻，衣夫锦，于女安乎？”曰：“安。”“女安，则为之！夫君子之居丧，食旨不甘，闻乐不乐，居处不安，故不为也。今女安，则为之！”宰我出。子曰：“予之不仁也！子生三年，然后免于父母之怀。夫三年之丧，天下之通丧也。予也有三年之爱于其父母乎？”

22. 子曰：“饱食终日，无所用心，难矣哉！不有博弈者乎？为之犹贤乎已。”

23. 子路曰:“君子尚勇乎?”子曰:“君子义以为上。君子有勇而无义,为乱;小人有勇而无义,为盗。”

24. 子贡曰:“君子亦有恶乎?”子曰:“有恶。恶称人之恶者,恶居下流而讪上者,恶勇而无礼者,恶果敢而窒者。”曰:“赐也亦有恶乎?”“恶徼以为知者,恶不孙以为勇者,恶讦以为直者。”

25. 子曰:“唯女子与小人为难养也。近之,则不孙;远之,则怨。”

26. 子曰:“年四十而见恶焉,其终也已!”

微子第十八

朱熹:此篇多记圣贤之出处。凡十一章。

1. 微子去之,箕子为之奴,比干谏而死。孔子曰:“殷有三仁焉!”

2. 柳下惠为士师,三黜。人曰:“子未可以去乎?”曰:“直道而事人,焉往而不三黜? 枉道而事人,何必去父母之邦?”

3. 齐景公待孔子,曰:“若季氏,则吾不能。以季、孟之间待之。”曰:“吾老矣。不能用也。”孔子行。

4. 齐人归女乐,季桓子受之,三日不朝。孔子行。

5. 楚狂接舆,歌而过孔子,曰:“凤兮! 凤兮! 何德之衰? 往者不可谏,来者犹可追。已而! 已而! 今之从政者殆而!”孔子下,欲与之言。趋而辟之,不得与之言。

6. 长沮、桀溺耦而耕。孔子过之,使子路问津焉。长沮曰:“夫执舆者为谁?”子路曰:“为孔丘。”曰:“是鲁孔丘与?”曰:“是也。”曰:“是知津矣!”问于桀溺,桀溺曰:“子为谁?”曰:“为仲由。”曰:“是鲁孔丘之徒与?”对曰:“然。”曰:“滔滔者天下皆是也,而谁以易之? 且而与其从辟人之士也,岂若从辟世之士哉?”耰而不辍。子路行以告,夫子怃然曰:“鸟兽不可与同群,吾非斯人之徒与而谁与? 天下有道,丘不与易也。”

7. 子路从而后，遇丈人，以杖荷蓧。子路问曰："子见夫子乎？"丈人曰："四体不勤，五谷不分，孰为夫子？"植其杖而芸。子路拱而立。止子路宿，杀鸡为黍而食之，见其二子焉。明日，子路行以告。子曰："隐者也。"使子路反见之。至，则行矣。子路曰："不仕无义。长幼之节，不可废也；君臣之义，如之何其废之？欲洁其身，而乱大伦。君子之仕也，行其义也。道之不行，已知之矣！"

8. 逸民：伯夷、叔齐、虞仲、夷逸、朱张、柳下惠、少连。子曰："不降其志，不辱其身，伯夷、叔齐与？"谓："柳下惠、少连，降志辱身矣。言中伦，行中虑，其斯而已矣。"谓："虞仲、夷逸，隐居放言。身中清，废中权。我则异于是，无可无不可。"

9. 大师挚适齐，亚饭干适楚，三饭缭适蔡，四饭缺适秦；鼓方叔入于河，播鼗武入于汉，少师阳、击磬襄，入于海。

10. 周公谓鲁公曰："君子不施其亲，不使大臣怨乎不以。故旧无大故，则不弃也。无求备于一人。"

11. 周有八士：伯达、伯适、仲突、仲忽、叔夜、叔夏、季随、季騧。

子张第十九

朱熹：此篇皆记弟子之言，而子夏为多，子贡次之。盖孔门自颜子以下，颖悟莫若子贡；自曾子以下，笃实无若子夏。故特记之详焉。凡二十五章。

1. 子张曰："士见危致命，见得思义，祭思敬，丧思哀，其可已矣。"

2. 子张曰："执德不弘，信道不笃，焉能为有？焉能为亡？"

3. 子夏之门人，问交于子张。子张曰："子夏云何？"对曰："子夏曰：'可者与之，其不可者拒之。'"子张曰："异乎吾所闻，君子尊贤而容众，嘉善而矜不能。我之大贤与，于人何所不容？我之不贤与，人将拒我，如之何其拒人也？"

4. 子夏曰："虽小道，必有可观者焉。致远恐泥，是以君子不为也。"

5. 子夏曰："日知其所亡，月无忘其所能，可谓好学也已矣！"

6. 子夏曰："博学而笃志，切问而近思；仁在其中矣。"

7. 子夏曰："百工居肆，以成其事；君子学以致其道。"

8. 子夏曰："小人之过也必文。"

9. 子夏曰："君子有三变：望之俨然；即之也温；听其言也厉。"

10. 子夏曰："君子信而后劳其民；未信，则以为厉己也。信而后谏。未信，则以为谤己也。"

11. 子夏曰："大德不逾闲；小德出入可也。"

12. 子游曰："子夏之门人小子，当洒扫、应对、进退，则可矣。抑末也，本之则无。如之何？"子夏闻之，曰："噫！言游过矣！君子之道，孰先传焉？孰后倦焉？譬诸草木，区以别矣。君子之道，焉可诬也？有始有卒者，其唯圣人乎！"

13. 子夏曰："仕而优则学，学而优则仕。"

14. 子游曰："丧致乎哀而止。"

15. 子游曰："吾友张也，为难能也。然而未仁。"

16. 曾子曰："堂堂乎，张也！难与并为仁矣。"

17. 曾子曰："吾闻诸夫子：人未有自致者也。必也亲丧乎！"

18. 曾子曰："吾闻诸夫子：孟庄子之孝也，其他可能也；其不改父之臣与父之政，是难能也。"

19. 孟氏使阳肤为士师，问于曾子。曾子曰："上失其道，民散久矣！如得其情，则哀矜而勿喜。"

20. 子贡曰："纣之不善，不如是之甚也。是以君子恶居下流，天下之恶皆归焉。"

21. 子贡曰："君子之过也，如日月之食焉：过也，人皆见之；更也，人皆仰之。"

22. 卫公孙朝问于子贡曰："仲尼焉学？"子贡曰："文武之道，未坠于地，在人。贤者识其大者，不贤者识其小者，莫不有文武之道焉。夫子焉不学？而亦何常师之有？”

23. 叔孙武叔语大夫于朝曰：“子贡贤于仲尼。”子服景伯以告子贡。子贡曰：“譬之宫墙：赐之墙也及肩，窥见室家之好；夫子之墙数仞，不得其门而入，不见宗庙之美、百官之富。得其门者，或寡矣。夫子之云，不亦宜乎！”

24. 叔孙武叔毁仲尼。子贡曰：“无以为也！仲尼不可毁也。他人之贤者，丘陵也，犹可逾也；仲尼，日月也，无得而逾焉。人虽欲自绝，其何伤于日月乎？多见其不知量也！”

25. 陈子禽谓子贡曰：“子为恭也，仲尼岂贤于子乎？”子贡曰：”君子一言以为知，一言以为不知。言不可不慎也！夫子之不可及也，犹天之不可阶而升也。夫子之得邦家者，所谓‘立之斯立，道之斯行，绥之斯来，动之斯和’。其生也荣，其死也哀。如之何其可及也？”

尧曰第二十

朱熹：凡三章。

1. 尧曰：“咨！尔舜！天之历数在尔躬。允执其中。四海困穷，天禄永终。”舜亦以命禹。

曰：“予小子履，敢用玄牡，敢昭告于皇皇后帝：有罪不敢赦。帝臣不蔽，简在帝心。朕躬有罪，无以万方；万方有罪，罪在朕躬。”

周有大赉，善人是富。“虽有周亲，不如仁人。百姓有过，在予一人。”

谨权量，审法度，修废官，四方之政行焉。兴灭国，继绝世，举逸民，天下之民归心焉。

所重：民、食、丧、祭。

宽则得众，信则民任焉，敏则有功，公则说。

2. 子张问于孔子曰:“何如斯可以从政矣?”子曰:“尊五美,屏四恶,斯可以从政矣。”子张曰:“何谓五美?”子曰:“君子惠而不费,劳而不怨,欲而不贪,泰而不骄,威而不猛。”子张曰:“何谓惠而不费?”子曰:“因民之所利而利之,斯不亦惠而不费乎?择可劳而劳之,又谁怨?欲仁而得仁,又焉贪!君子无众寡,无小大,无敢慢,斯不亦泰而不骄乎?君子正其衣冠,尊其瞻视,俨然人望而畏之,斯不亦威而不猛乎?”子张曰:“何谓四恶?”子曰:“不教而杀谓之虐;不戒视成谓之暴;慢令致期谓之贼;犹之与人也,出纳之吝,谓之有司。”

3. 孔子曰:“不知命,无以为君子也。不知礼,无以立也。不知言,无以知人也。”

参考文献

1. 阮元校刻. 十三经注疏[M]. 北京:中华书局,1980.
2. 朱熹. 四书章句集注[M]. 北京:中华书局,1983.
3. 刘宝楠. 论语正义[M]. 北京:中华书局,1990.
4. 钱穆. 论语新解[M]. 北京:三联书店,2002.
5. 杨伯峻. 论语译注[M]. 北京:中华书局,2012.
6. 孙钦善. 论语本解[M]. 北京:三联书店,2009.
7. 李零. 丧家狗——我读《论语》[M]. 太原:山西人民出版社,2007.
8. 杨朝明. 论语诠解[M]. 济南:山东友谊出版社,2013.
9. 李泽厚. 论语今读[M]. 合肥:安徽文艺出版社,1998.
10. 陈蒲清. 论语注译[M]. 广州:花城出版社,2007.
11. 来可泓. 论语直解[M]. 上海:复旦大学出版社,2000.
12. 钱宁. 新论语[M]. 北京:三联书店,2012.
13. 洪丕谟. 论语现代版[M]. 上海:上海古籍出版社,2001.
14. 傅佩荣.《论语》心得[M]. 北京:国际文化出版公司,2007.
15. 傅杰. 论语一百句[M]. 上海:复旦大学出版社,2007.
16. 程树德. 论语集释[M]. 北京:中华书局,1990.

参考文献